//// 影響力の魔法 ////

超影響…

99%的人會被打動都是因為感情！

說服力

日本王牌業務員教你**運用28大心法動搖人心**，職場和人際都成功

作者 —— 金沢景敏　譯者 —— 黃詩婷

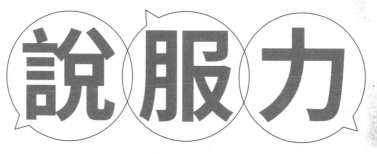

前言

「影響力」這種東西，有著魔法般的神秘力量

打動他人——。

這是在職場上不可或缺的能力。

獲得上司的認可、帶領部下處理事務、說服客戶購買產品……，在各式各樣的情境中，我們都會需要「獲得對方理解、促使對方行動」。能不能成功做到這件事情，可說是會對成果造成天大的影響。

然而，有很多人會對此有所誤解。

那就是不小心試圖「用道理說服對方」。

當然，為了得到上司認可，我們必須要有邏輯地說明「應該認可的理由」；要讓客戶掏錢購買，想必也會需要簡單明瞭地向客戶介紹「這項商品的價值」。

然而，並不是這樣就能夠打動他人。相反地，**若是過於「試圖用道理來說服對方」，很可能導致對方敬而遠之，甚至興起反抗心理。**越是滿腔熱血的人，是不是就越容易掉入這個「陷阱」呢？

至少過去的我就是這樣。

2012年，也就是我33歲的時候，從TBS電視台轉職到保誠人壽公司。當時的我因為覺得身為電視台的「活招牌」而被大家吹捧，導致後來變得有些「驕矜」的自己實在相當醜惡，所以下定決心跳槽到日本第一的業務公司保誠人壽，藉此證明「自己的實力」。

然而現實總是殘酷的。保險業務通常都會以親朋好友作為起點推展業績，我也不例外。然而，雖然身邊有些人因為「人情」而買單，但也有許多人由於我試圖說服他們「加入保險」而反感，最終導致我與許多朋友之間的人際關係產生嚴重裂痕。

不僅如此，就算是經過朋友介紹之後向我購買保險的人，也不會主動想要再介紹他們的朋友給我。我猜想很可能是因為擔心如果把拚命想要業績的我介紹給他們的朋友，反而會造成其他人的困擾吧。就結果而言，我在成為保險業務員的半年之後，幾乎就沒辦法再找到新的客戶、做出新的業績了。

這個事實讓我渾身顫抖。

因為這個工作屬於純傭金制，沒有簽下新的合約就等於完全沒有收入。「這樣下去，我的人生就完蛋了……」，雖然平常努力裝作十分平靜，但只要想到最糟糕的情況下，可能會讓妻子與幼小的孩子們流落街頭，這種危機感就讓我的內心不時隱隱作嘔。

那段時間真的非常痛苦。但在這種四面楚歌的狀況下，我不得不拚命思考如何尋得解方，於是，我終於慢慢理解到所謂**「影響力」的重要性。**

透過在錯誤中不斷地摸索嘗試，我漸漸地磨練出正確使用「影響力」的方法，情況開始有所改善。客戶給予的善意回應開始增加，我的處境和過去不斷傷害人際關係時大不相同，變成是在相當**自然的對話當中，由對方主動說出「我明白了，我要加入你介紹的保險」、「我想介紹個人給你」之類的話。**

等我回過神來，才突然發現先前的痛苦簡直就像是場謊言般，我居然在第一個年度就獲得個人保險部門的業績冠軍，成為全國3200位業務員中的第一名。原來，只需要具備名為「影響力」的武器，就能讓情況有所翻轉。

促使人類起身行動的，99.9999%是「情感」

那麼，所謂的「影響力」是什麼呢？

我將其定義為**「透過潛意識作用，促使人類起身行動的力量」。**

最重要的是「透過潛意識作用」這個部分。讓對方的「潛意識」＝「沒有自覺的意識」產生作用以後，轉換為自發性的思考，致使對方起身行動。我稱此為「影響力」。

不過就算這樣解釋，應該還是很難懂吧？

接下來我會用簡單的方式說明，還請各位多多擔待。

前面寫到「試圖『用道理來說服對方』，很可能導致對方敬而遠之，甚至興起反抗心理。」，這是我成為業務員後，深刻體會到的事實。**「用道理來說服」，藉此打動對方，簡直可以說是天方夜譚。**

為什麼會那麼困難呢？

理由非常簡單，那就是人不會因為「道理」而有所行動。

當我們起身做出某些行動時，可能會認為自己是透過「理性的力量」來進行判斷，但我認為這不過就是錯覺而已。實際上，**我認為能夠促使人類行動的，99.9999%都是「情感」。**

而且越是重大的決定，就越會有著這樣的傾向。

性要素影響）。請大家回想自己平常購物時的習慣。要買幾百塊的日常用品時，比較好幾種不同商品再做出決定，或許可以說是以「理性」來選擇價格或者性能效果最為優秀的品項（實際上應該還是會大幅受到品牌形象、設計包裝等不理性要素影響）。

但是要購買房屋或是汽車等高價商品時，就算是有先經過價格和性能效果的評估，**到頭來推動決定的，應該還是「我覺得就是它了！」，或者「我最喜歡這個！」這類的「情感」才對。**如果沒有「情感」這個強大的推力，我們應該很難踏出做下重大決定的最後一步吧。

支配人類行為的不是「理性」而是「潛意識」

而這種「情感」出現的原因，應該很難用三言兩語就說清楚講明白。

就算試圖為其找出各式各樣的理由，最後還是會以「不知道為什麼就是喜歡」、「因為感覺對了」作結。而催生出這種「情感」的，如果是「潛意識」＝「沒有自覺的意識」，那麼當然是不可能完全化作語言解釋說明。

也就是說，**支配我們的言行舉止和思考基礎的，其實正是「潛意識」＝「沒有自覺的意識」。**

要讓他人行動的決定性要點，並非傳達「道理」，試圖激起對方的「理性」；而是藉由讓「潛意識」＝「沒有自覺的意識」產生作用，打動對方的「情感」。我想應該是這樣才對。

只要在對方的「潛意識」中，產生「這個人值得信任」、「我想給予這個人支持」、「我希望能幫上他的忙」等正面情感後，對方就會憑著自己的意志，主動做出「我知道了！就照你說的做！」的判斷，然後起身行動。

明明說話內容極具邏輯，對方卻不為所動的原因

請大家想像看看跑業務時的情況。

過去的我為了簽約，總是拚命向大家宣揚「應該加入保險的理由」、「各種保險的項目內容」等等，但無論我的邏輯有多麼地清晰明確，**對方在面對一直要賣東西給自己的業務員時，「潛意識」中浮現出不信任和厭惡感也是理所當然的。**

就算對方的「理性」能夠理解「原來如此，確實是應該加入保險比較好」，但若是在情感上否定了我這個人的存在，就會出現「可是我不想跟這個人簽約」的想法。說得更極端的話，甚至在那之前就會想著「我一點都不想聽這傢伙說話」，然後根本沒有好好聽我說話。

這樣的話，不管我說的多麼精彩都沒有任何價值。

因此，後來我開始把重心放到「聆聽」，而非「說話」之上。在對話中，**尋找對方心中「想向別人訴說」的話題，然後不要以業務的身分，而是以作為人類的身分站在對方的立場，好好聆聽對方想說的那些事情。**

畢竟同為人類，肯定會有與自己的經驗有所雷同，因而感同身受的部分。透過心靈相通、站在對方的立場去了解他想說的內容，對方自然而然就會願意深入談話。就我的經驗，甚至有些人會在超過了原本約定的時間後，還想繼續聊下去。

身為人類，每個人的內心都會有著就算「想說」，但平常也很少談論到的話題。若能好好陪他們聊聊天，好好傾聽對方的發言，那麼對方自然也會對你產生好感。說得更明白些，就是讓對方在抒發情緒，感到心情暢快後，覺得有些不好意思，而自願反過來擔任傾聽的角色。

這時，我就成為了擁有些許「影響力」的人。

因為對我產生好感，同時又覺得有些對不起我，心裡自然出現「希望能『回報』點什麼」給我的想法。也就是說，他們會願意好好傾聽我要向他們說明的內容。

就算我所說的內容本身跟過去完全相同，成功簽約的比例卻明顯提升，同時對方將朋友介紹給我的頻率也大幅增加。就這樣，我開始真正感受到「影響力」所帶來的回饋。

讓好不容易到手的「影響力」無限增生的好方法

這只是舉例。

除了「聆聽」以外，為了讓客戶的「潛意識」產生作用，必須要下各種功夫。**應該怎麼做，才能讓他們對我抱持「親近感」、「安心感」、「好感」、「認同感」、「信任感」等正向情感呢？我從這個觀點，重新檢視自己的舉手投足。**

然後我親身體會並且學習到，只要對方在「潛意識」中能夠接受「我這個人」，那麼我之於對方的「影響力」就會生效，事情自然會往我所希望的方向發展。我認為這是在所有職種或工作，以及各式各樣的人際關係中都適用的真理。

同時更重要的，是讓「影響力」的範圍越增越廣。

如果能夠建構起與某個人之間的關係，那麼就可以借用那個人的「影響力」。比方說，如果我能夠借用某個公司社長的「影響力」，那麼不光是該公司的董事以及其他社員，甚至也能更容易地接洽到與該社長有所往來的其他公司社長。

接著，如果我能夠好好與他介紹給我的人建立起良好關係，那麼之後又可以借用這些人的「影響力」。就像這樣，「影響力」一旦誕生，就能無限增生。換句話說，就像是「稻草富翁*」那樣。

實際上，我作為一名業務員，除了重視與眼前的人打好關係以外，也巧妙地借用對方的「影響力」，慢慢增加自己與那些「富裕階層」之人的緣分。

久而久之，由於我漸漸成為包含那些人在內的社群核心，「金澤景敏這個人」的「影響力」越來越大。想進入這個交友圈的人越來越多，我幾乎可以說是就算不去主動推銷業務，也會持續有人和我聯絡，主動告知「我想向你購買保險」，或者「可以找你商量事情嗎」等等。

由於逐步打造出這樣優渥的環境，所以我最後才能成功地將自己的成績提升到TOT標準（日本的人壽保險業務員登記者約有120萬人，其中僅有60人左右獲得認證的「窄門」）的4倍以上。爾後，我離開在職8年的保誠人壽，自己創立了AthReebo株式會社，朝自己長年以來的夢想——「讓運動選手們的生涯價值最大化」的事業邁進。我將「影響力」視為自己的好夥伴，認為它就像是用「魔法」改變了我的人生。

想用沒內涵的「心理戰術」欺騙「潛意識」是不可能的

本書要告訴大家的，是我在過去如何培養出自身的「影響力」，並且將其增幅到最大限度的所有技巧。

＊稻草富翁：日本童話故事，主人翁從一根稻草開始和其他人交換東西，後來換到的東西越來越值錢。本書的第24節中會講述這個故事的大綱。

和過去的我一樣，有許多人是在幾乎毫無「影響力」的狀態下過著自己的人生。然而我確信，**若能學會面對他人時的正確姿態、讓對方的「潛意識」發生作用的技術，任何人都能夠培養出屬於自己的「影響力」。**

也許我使用「讓『潛意識』產生作用」這種說法，會讓有些人覺得好像是在操控對方的心理、欺騙對方，像是所謂的「暗黑心理戰術」之類。

事實上兩者完全不同。甚至可以說，我認為「心理戰術」根本沒用。**人類的「潛意識」其實並沒有單純到會被那種不上不下的「心理戰術」所欺騙。**

不管對方用了多麼巧妙的技巧，我們都能夠靠自己的本能，敏銳地察覺到對方的「潛意識」。**人類很容易就能直覺感受到「這個人嘴上雖然說著『理所當然的事情』，但就是有哪裡怪怪的」，或者「不知為何就是沒辦法相信對方」等等。**「潛意識」根本不吃膚淺的「謊言」那套。想要貫徹正面攻克對方的理念，最大的原則正是具備「影響力」。

若能參考本書培養出健全的「影響力」，那麼你在工作方面一定會更順利，也可以邁向自己理想中的人生。當你的「影響力」越來越廣，自然能夠享受與更多人建立豐富關係的生活，**也能開始描繪人生的美妙軌跡。**

當然，我也不過是走在半路上的人。我會和各位讀者一起磨練自己的「影響力」，共同更上一層樓。畢竟我打從心底希望能夠從事對這個社會有所意義的工作。衷心期盼本書能夠成為一個契機，讓抱持著這種想法，辛勤工作之人的「圓圈」能夠順利擴展開來，那將會是我身為筆者至高無上的榮幸。

金澤景敏

目錄

〔裝訂〕奧定泰之
〔責任編輯〕前田浩彌
〔DTP〕NOAH
〔校正〕小倉優子
〔編輯〕田中泰

第 1 章

影響力就像是「合氣道」

01

就連無能為力也是「影響力」的來源

從無到有，掌握「影響力」的「不二法門」

若是想在社會上生存，
就無法脫離「影響力的磁場」

這個世界正是「影響力」的磁場——。

我是這麼認為的。雖然這聽起來好像有些令人費解，不過我想表達的意思其實非常簡單。**就像是磁鐵具備能夠吸引鐵粉的「磁場」般，由人類所打造出來的各種集團以及整個社會，也存在著名為「影響力」的磁場。**

小至家庭、社會、公司，大至地區、國家、國際社會，所有的集團與社會應皆同理。

「影響力」強大的人物，周遭會聚集許多人，且各種事物也會以那個人的意向作為主軸行動。若是「影響力」強大的夥伴們互相合作，就能發揮該集團力量的最大極限；相反地，若是「影響力」強大的人們之間互相對立，周遭的人也會被搞得翻天覆地。

這個道理，只要回想一下學校和公司內部的人際關係，我想應該就很容易理解。所有人類實在不可能和所謂**「影響力」的磁場過著完全無緣的生活。**

也就是說，在這樣的世道裡，如果想要盡可能地照著自己所希望的方式活下去，那麼就**不應該讓自己被「影響力」的磁場吞沒，而是必須掌握活用這項工具的技術。**

然而正如同過去的我，幾乎所有人都必須從毫無「影響力」的人生起步。每個人在最初都是無能為力的。要怎麼樣才能從那種無力的狀態，轉變為具備「影響力」，甚至逐步使其增幅的樣態呢？我想這應該也是許多人的煩惱吧。

當然，我也曾經為此煩惱過。

說老實話，我其實是發現了這件事情有多麼可怕。

在成為業務後沒多久，我就開始接二連三地收到各種「婉拒」的回覆，等到終於沒有半個人可以聯絡時，獨自一人孤零零地活在世界上的寂寥感吞沒了我，而我只能咬緊牙關，體會自己的無能為力。

然而，現在的我可以如此斷言。

「這個世界上，所有的人都能發揮影響力。」

「無論是多麼無能為力的人，也一定有能發揮其影響力的方法。」

或許這聽起來相當極端，然而就連剛出生的嬰兒也是一樣。

若是單論嬰兒個體，他們是無法靠著自己的力量獨自生存的存在；然而對於雙親而言，嬰兒卻有著極為強大的「影響力」。

如果嬰兒哭了起來，**父母就會絞盡腦汁推測無法以語言溝通的嬰兒心情**，推敲到底是「想要喝牛奶」、「肚子餓了」、「該幫他換尿布了」，還是「想讓人抱」之類的。為了讓嬰兒的心情變好，父母總會想盡辦法。

為什麼嬰兒會有這麼強大的「影響力」呢？

這不用多說，當然是因為父母打從心底愛著嬰兒。而且孩子是非常脆弱的生命，因此必須非常、非常地珍惜對待才行。也就是說，**正因為嬰兒如此無能為力，才能發揮非常強大的「影響力」。**

無能為力也是種「武器」

無能為力這件事情本身也會成為「影響力」的泉源——。

這個道理就算套用在大人身上也是一樣。

當然，我們不可能像嬰兒那樣用哭的方式來發揮「影響力」。然而，**無能為力本身也能夠成為「影響力」的泉源這個原理依然不變。**

比方說，年輕的新進員工亦是同理。

由於剛出社會時就像是無頭蒼蠅般，沒有半點關於工作內容的相關知識，而且突然被丟進已經過長年建構的公司內部人際關係圈當中，可以說是手無縛雞之力般地無能為力。換句話說，若是不依賴任何人就很難做好事情。

然而正因如此，新人才能夠發揮「影響力」。

如果是在昭和時代，或許會有斯巴達式教導新人的公司存在。不過如今除非是很誇張的黑心公司，否則老員工們應該都會明白必須好好培育新進員工的道理。

這樣一來，只要**抱持著自己是「還不能作為戰力的不成熟的存在」的謙虛態度，好好說出「請教教我」、「請幫幫我」等拜託其他人的話，大部份的上司或者前輩都會想著「真是個可愛的傢伙呀」，願意積極地向新人伸出援手。**這時，新進員工就已經發揮了對於上司或是前輩的「影響力」，同時也讓自己走進了上司和前輩的「影響力」的庇護之下。

更甚者，如果對此好好表達出「非常感謝」的心意，那麼對方肯定也會相當高興，主動回應「如果還有遇到什麼困難，隨時都可以跟我說」。這樣的溝通來來回回多經歷幾次後，**新人就能建立與上司和前輩之間的信賴關係，**

也會確實地逐步具備在公司內的「影響力」。

了解自己「現在的處境」是產生「影響力」的第一步

在此必須告訴各位兩件非常重要的事。

首先是必須意識到「影響力」這個東西。

也就是說，內心要**意識到自己必須抱持什麼樣的態度，才能夠讓對方在潛意識中抱有正面情感。**以前面提到的例子來說，就是要去思考如何才能讓上司或前輩浮現「伸出援手」的想法。

沒有人從一開始就能夠好好運用「影響力」。

或許偶爾會有那種讓人覺得實在擁有天才般才能的天選之人，不過他們很可能也是經過多次嘗試，歷經挫折失誤，才終於磨練出這般能力。**想要成**

功，我們需要的不是「才能」，而是學會「意識」到自己的才能。改變自己的「意識」後，「行動」也會跟著改變；「行動」改變以後，「對方的反應」也會跟著有所不同。首先最重要的是意識到「影響力」這個東西，然後規範自己的行動。

第二件重要的事情，就是好好掌握自己「現在的處境」。

所謂「現在的處境」，即是認知到「自己是什麼樣的存在」，也就是認清現況。就像前面所提到的，如果是新進員工，那麼「無法成為戰力的不成熟的存在」就是所謂「現在的處境」。

只要掌握「現在的處境」，自然就會以謙虛的姿態拜託別人，擺出能夠好好說出「請教教我」、「請幫幫我」等話的受教態度。貫徹符合「現在的處境」的言行舉止，上司和前輩自然就會出現「真是個可愛的傢伙」、「是個會讓人想幫幫他的孩子呢」等想法。

相反的，若是弄錯了「現在的處境」，而在內心想著「畢竟你們是上司

跟前輩，教我也是理所當然的吧」之類的事情，那麼上司和前輩也一定會感受到這種想法。

當然，對方是成熟的大人，所以還是會把該教的事情教給你，但那充其量只是他們身為上司或前輩而做好自己的「職務」、「義務」罷了。在他們的潛意識當中，肯定都會覺得不太對勁，認為「這個人的態度也太奇怪了吧？」、「這傢伙是不是搞錯了什麼？」。

而新進員工只要態度不改，那麼上司和前輩一定會開始想要疏遠這個人。最終導致新進員工只能在「影響力」被逐漸削弱的狀態下持續工作。

在這個世界上，所有人都能夠發揮自己的「影響力」。

無論看似多麼地無能為力，也一定會有能夠發揮「影響力」的方法。

但是為此，我們**必須要先好好掌握自己「現在的處境」**才行。雖然這有點倒果為因，不過**認同「自己是無能為力的」、「自己沒有影響力」，可謂催生出「影響力」的第一步。**

02

「冒牌貨的影響力」會傷害到自己

切忌利用「義務感」、「敬畏心」等來使他人行動

為了讓自己「達成目標」而在無意間「鑄下大錯」

我有個讓自己感到後悔莫及的經驗。

即使現在回想起來，還是會覺得當時的自己非常不中用而感到難為情。但那是我在思考該如何擁有「影響力」的過程中，無論如何都無法避免的一段過往，所以就算覺得羞愧，我還是決定把它記錄下來。

那是我剛轉職到保誠人壽幾個月時所發生的事情。

剛進公司時，有幾個認識的人願意為了「人情」而跟我買保險，所以我

的成績算是還可以看的。然而，隨著時間過去，我的業績逐步下滑。經過朋友介紹而和我購買保險的人，因為我的強硬推銷而幾乎不願意再把其他人牽線給我；與此同時，我手中握有可能成為新客戶的「口袋名單」也見了底。

「這樣下去就完蛋了……」

就在我被這樣的危機感緊緊逼迫時，重大事件發生了。

當時我為自己設定的KPI（重要績效指標）是每個星期要有三張新的保單。然而，某週的星期天來臨時，我卻只簽到了兩張保單。「必須想個辦法達成目標才行……」，我萬分焦急地開始聯絡自己在TBS時的晚輩，希望他能夠加入保險。

雖然是星期天晚上，他還是答應和我在咖啡廳見面。

但那時候的我卻做出了「最低級」的事情。我居然想以自己身為前輩、對方作為晚輩的這種階級關係強硬簽約。

對於用「我還沒有打算加入保險」這種說法輕柔婉拒的晚輩，我竟然回答：「保險要越快加入越好」，試圖用自以為充滿邏輯的言論來指責他的想法錯誤。

雖然我沒有把「沒簽約就不放你走」這種話說出口，全身上下卻都在向對方施加那樣的壓力。我原先體格就還算不錯，加上大學時期隸屬美式足球社團，體態相對健壯，對晚輩來說，肯定極具「壓迫感」。

或許是覺得要應付我這種人實在是太麻煩了吧！

晚輩露出「無可奈何」的表情，心不甘情不願地簽下契約。

當時的我應該滿臉都是笑容吧。一邊收下他簽好的契約，一邊在心中比出勝利手勢，想著：「這樣我總算是達成KPI啦！」

被當成「拒絕往來戶」，因此決定重新審視自我

然而報應馬上就來了。

第二天我一到公司就被主管叫了過去。主管告訴我，昨天那位晚輩聯絡公司，表示要撤回契約。我瞬間啞口無言。雖然主管沒有多說什麼，只是平靜且毅然決然地告訴我：「作為保險顧問，這是絕對不可以發生的事。」

可想而知，這件事對我來說打擊很大。然而打擊更大的是，當我為了謝罪而試圖撥打電話給那位晚輩時，卻發現自己已經被設為「黑名單」。不管打了多少次電話，他都不曾再次接起。

也就是說，我被列為「拒絕往來戶」了。在TBS時代，我自認還算疼愛那位晚輩，也相信兩人之間具有信任基礎，沒想到卻會因為自己犯下這種錯誤而把一切都破壞掉。

這對我來說就像是「跌到谷底的經驗」。

先前就算推銷時的態度比較強硬，破壞了與朋友之間的人際關係，導致自己有些消沉，我也都會努力告訴自己：「別在意！沒關係的！不管其他人說什麼，我身為一個『拉保險的』，為了活下去只能像這樣努力呀。」久而久之，就連自己也無法說服自己。我無法繼續承受人際關係遭受傷害，所以決定好好重新審視自己。

用「敬畏心」逼迫他人行動，就是身為「冒牌貨」的證據

我前面提到，在談論「影響力」時，這段過往是絕對無法逃避的。

為什麼無法跳過不談呢？理由很簡單，因為我那時候其實是想對晚輩發揮「影響力」，沒想到卻用了從根本上就是錯誤的方式……。或許可以說是「冒牌貨的影響力」吧。我正是**從全面否定「冒牌貨的影響力」開始磨練「影響力的魔法」**。

說起來，那時候我為什麼會想找晚輩出來見面呢？

當時的我並沒有明確地意識到「影響力」這個東西，但從我們在TBS時代，作為前後輩的「關係」來看，我肯定是認為自己有辦法讓晚輩簽下契約書。也就是說，為了達成KPI，我下意識選擇了最容易受到「影響力」波及的對象。

還在TBS時，我是有好好關照那位晚輩的，而且不管是在工作還是私人方面都相當照顧他，所以就算我不刻意把過去的恩情掛在嘴上，他的內心肯定也會冒出必須答應我的請求，類似於「義務感」的想法。

更進一步來說，對於在體育社團文化中成長的我而言，前後輩之間的上下關係是相當嚴厲。因此身為晚輩的他對於要反抗身為前輩的我，肯定會有種類似「恐懼」的感受。這些事情雖然沒有明確浮上心頭，但我卻也無法否認自己心中恐怕是有此算計。

這也可以稱為「影響力」。

正如前面所說的，我將「影響力」定義為「讓潛意識作用，使人起身行動的力量」。而我**把晚輩潛意識可能會發生的「義務感」與「敬畏心」當成**

基礎，企圖使對方產生「簽下契約」的行動。換句話說，當時的我確實是使用了自身的「影響力」，成功讓對方當場做出「簽下契約」的行動。

「冒牌貨的影響力」只會傷害到自己

然而這個表面上的「成功」，正是無法挽回的「失敗」。

我是哪裡做錯了呢？我想其中應該有不少錯誤，而**最大的錯誤就是企圖利用「義務感」和「敬畏心」這些在對方心中屬於「不舒服的情緒」。**

確實，如果利用「義務感」和「敬畏心」這類感情作為基礎，那麼的確有可能強硬地使對方做出「其實不想採取的行動」。

可想而知，被強迫做出那些「行動」的人，內心肯定也會有著非常強烈的反抗和反感。雖然當時的我對於晚輩會選擇「撤回契約」感到非常驚訝，但仔細想，那也是理所當然的。

也就是說，就算我能讓對方在當下做出我所希望的行為，那充其量不過就是「冒牌貨的影響力」罷了。而仰仗那種「冒牌貨的影響力」，就算能夠獲得一時的「成功」，也無法永久持續下去，最終甚至可能招致傷害自己的結果。

那麼「正牌的影響力」又是什麼呢？

只要使出跟「冒牌貨的影響力」相反的手法就可以了。**讓對方在潛意識裡對你產生「親近感」、「安心感」、「好感」、「同感」、「信任感」等正向感情，對方自然而然就會開開心心地主動起身行動。**如果能夠成功辦到這點，那麼你的成功也會永久持續下去；與此同時，你和對方的人際關係也會變得非常良好，肯定能為雙方帶來幸福感。

讓我發現這件事情的，就是那位晚輩。當時的我真的讓他感到非常不愉快，現在回想起來也還是滿心歉意，同時也為他讓我明白人生中的重要道理而充滿感激。我打從心底希望能夠將心意傳達給他。

03

「正牌的影響力」會無限增幅

做出讓對方發自內心感到開心，「得償所願」的行動

剛進公司第一年的年輕人所學習到的「影響力」的力量

「影響力」分成所謂的「正牌」和「冒牌」兩種。

透過刺激對方的「義務感」或「敬畏心」等感情，強迫對方做出「其實不想採取的行動」，就是「冒牌貨的影響力」。用這種方法，就算暫時產生「強制力」，也會因為對方內心抱有強烈的反抗心態與反感而無法永久持續下去。

相反地，「正牌的影響力」則是藉由引發對方潛意識中的「親近感」、「安心感」、「好感」、「同感」、「信任感」等正向感情，讓對方自己開開心心地主動採取行動。既然對方是自願起身行動，那麼不僅理所當然地不會傷

害到自己與對方之間的關係，甚至**只要讓這種「正牌的影響力」產生過一次，就會逐漸增幅。**

我是從周遭的人身上明白這個道理的。

其中一位就是我的妻子明子。那件事情正好是在我接到晚輩聯絡撤回契約的消息，陷入身為業務員的「谷底」狀態時所發生的。

當時我的妻子在朋友的介紹下，擔任大學的女子曲棍球社教練。那些仰慕妻子的學生們，三不五時就會來我家玩耍。有一天，大家都很熟悉、綽號是「瑪莉歐」的畢業生步入社會，錄取成為某間公司的新進員工，便來向我妻子報告這件事情。

她的職場是間大型綜合貿易公司。就「保險銷售對象」這點來說，可說是我求之不得、渴望建立的人際關係。

因此我硬是壓下了內心的羞愧感，說出自己目前所面臨的困境，結果瑪莉歐立刻說：「既然是明子老師的先生拜託……」然後馬上加入保險。而且她還和我商量，表示：「我的同屆同事和前輩當中，應該有很多能和師丈聊得來，曾經參與過體育社團的人。讓我牽線介紹看看吧！」

這可不是什麼「舉手之勞的小事」。

後來，瑪莉歐真的接二連三地介紹了許多自己的同事跟前輩給我，而且由她所介紹給我的人，完完全全沒有表現出那種基於人情壓力，只好無可奈何地來跟我這個「拉保險的人」見面的模樣。不僅如此，他們看起來甚至還非常期待跟素不相識的「我」見面。因為有「體育」這個共同話題作為契機，我跟這些人都非常意氣相投。

當中有許多人也因此加入了保險，然後又介紹了其他自己認識的人給我，我的客戶瞬間增加許多。這是我成為業務員後，第一次遇到的狀況。「我」這個人並未有任何變化、「保單內容說明」也跟先前沒有兩樣……但工作卻順利到簡直像是施了「魔法」一般。

這對於當時的我來說，實在是非常令人驚訝的事。除了深深感謝「救世主」瑪莉歐以外，我也開始努力思考「為什麼會發生這種事情？」。

「影響力」的真面目？

為什麼當時的我工作會變得如此順利呢？

這件事情的出發點正是我的妻子．明子的存在。我能夠讓瑪莉歐願意向我簽約保險，並不是靠著「商品力量」（其實每間公司的「保單內容」大同小異）；當然也不是因為我的「業務能力」，更不是靠著我的「人格特質」。

就只是托妻子對瑪莉歐的「影響力」之福。

正因為瑪莉歐是打從心底仰慕我的妻子，而妻子對她的「影響力」也遍及到我的身上，所以瑪莉歐才會對我也抱持著「希望能夠幫助這個人」的想法。也就是說，我借用了妻子的「影響力」，才讓自己的工作得以順利進行。

同時我也成功借用了瑪莉歐的「影響力」。**由於她在職場上獲得前輩和同事們的「好感」以及「信任」，所以其他人才會願意把我這個「拉保險的人」當作相識已久的朋友對待。**

我根本就不需要像以前那樣搞什麼「滿嘴道理、強硬說服」的爛手段，很自然地就能夠從他們手中簽下契約，甚至還讓他們介紹其他朋友給我。

這個事實令我大開眼界。

雖然妻子對於瑪莉歐有著非常強大的「影響力」，但那卻不是來自兩人在社團裡「教練和社員」的關係。

只要回想瑪莉歐來我家玩的時候，她們兩個人溝通的模樣，任何人都會瞭然。我想起妻子總是相當用心地聆聽瑪莉歐說話、站在瑪莉歐的立場與她談論煩惱、打從內心鼓勵她；而瑪莉歐也因為非常信任妻子，而願意對妻子敞開心房。她們兩人之間有著**人類互相維繫的「信任關係」。而我這才發現，那種「信任關係」正是「正牌的影響力」的真面目。**

同時我也打從心底感到羞愧。

我這才發現，原來我與TBS時代的晚輩之間的「關係性」，和妻子與瑪莉歐之間的「關係性」相比，實在是天差地遠。

我因為試圖利用前輩與晚輩這種「上下關係」，硬是讓晚輩「為我簽約」而造成重大失敗；妻子和瑪莉歐之間的「信任關係」，卻甚至為我這個第三者帶來「恩惠」。這個經驗讓我發現一個與「冒牌貨的影響力」所產生的破壞性十足、充滿殺氣的氛圍180度相異的世界。

「正牌的影響力」能讓人生的可能性變得「無限大」

除此之外，我還有個更重大的發現。那就是「正牌的影響力」會接二連三地產生連鎖效應，無止境地有增無已。

對我來說，我是第一次和瑪莉歐的前輩與同事見面。一般來說，身為一個素不相識的「拉保險的人」，必須要很努力地從零開始建構與對方之間的關係。然而，由於瑪莉歐已經獲得了他們的「好感」及「信任」，因此**當我站在他們眼前時，就已經不是個「普通的拉保險業務」，他們反而認定我是個「可以信任的人」。**

這是非常強大的優勢。**只要能夠借用某個人的「正牌的影響力」，就可以輕輕鬆鬆地獲得成果。**而且只要我和瑪莉歐的前輩與同事之間也建立起「信任關係」，那麼就可以借用他們的「影響力」，更加拓展我的人脈。也就是說，「正牌的影響力」會無邊無際地增幅下去。

這是「冒牌貨的影響力」所辦不到的事。

畢竟對於會強迫自己做出「根本不想採取的行動」之人，怎麼可能會有人願意借出「自己的影響力」呢？實際上，當我走進身為業務員的死胡同時，身後完全就是一片「焦原」。

除了撤回契約的晚輩以外，當然還有其他打從心底拒絕「我」這個存在的人，因為朋友介紹而加入保險的多數客戶，都不願意介紹他們自己的朋友給我。最大的原因正是當時的我並沒有「正牌的影響力」，而是企圖使用「冒牌貨的影響力」來使對方行動。

將人生的可能性縮小的「冒牌貨的影響力」，以及讓人生的可能性變成無限大的「正牌的影響力」。要選擇哪一邊，我想這根本不需要思考吧。問題是怎麼樣才能夠產生「正牌的影響力」？我為了磨練這項技術，開始不斷地在錯誤中嘗試。

04

克服「For me思考」

如果想要「利用」對方，最終只會兵敗將亡

「For me思考」會造成「不信任感」、「反駁心態」、「反感」

該怎麼做才能發揮「正牌的影響力」呢？

而又要怎麼做，才能讓「影響力」增幅呢？

本書將會針對我是如何磨練自己的技巧進行說明。但是在此之前，有個大前提必須先告訴大家。如果不具備「這點」，那麼不管耍了什麼高明的小技巧，也絕對無法發揮「正牌的影響力」。這件事情就是有這麼重要。

這個前提究竟是什麼呢？

那就是要先克服「For me」的思考模式（以下稱為「For me思考」）。**所謂的「For me思考」，指的是「為了自己好而讓對方行動」的思考模式。如果沒有將這種思考連根拔起，那麼絕對無法獲得「正牌的影響力」。**

這也是理所當然的事情。

就像是在面對過去的我這種「為了達成自己的業績」而想要強迫對方簽約的業務員時，不可能會有客戶對我抱持著「好感」或者「信任感」。**對於這種只會做出自私要求的人，大家的心中都只會有「不信任感」、「反駁心態」、「反感」這些感覺而已。**

也就是說，**那根本就只是為了達成自己的目的而想將對方當成「工具」來利用。這個世界上沒有人會因此而感到高興。**就算暫時能使對方做出行動，這種成功也絕對不會長久，最後還是會招致痛徹心扉的報應。晚輩撤回契約的恐怖經驗讓我銘記在心。

從那一刻開始，我便決定不要再以「賣保險」這件事情為目的。

更重要的是**和每一位客戶好好建立「信任關係」，成為一個能讓自己本身的正面「影響力」波及對方的存在。**我打算以這樣的方式來克服「For me思考」。

不要一開口就「推銷保險」，先好好聆聽客戶有著什麼樣的煩惱與不安，然後為了解決他的煩惱而好好向他提出「包含保險在內的金融相關資訊」。

要不要加入保險，到頭來都應該是由客戶自己決定。只要能夠徹底維持這樣的態度，就能成為客戶「信任」的對象。作為一個業務員，我認為這是唯一的「生存之道」。

要傳達給對方的，是我們在「潛意識」中的想法

自此之後我真的非常努力。

若想成為一名成功的業務員，最重要的就是增加接觸客戶的「母數」。

有著這樣想法的我，在剛成為業務員時，便給自己安排了相當嚴苛的行程。

客戶願意見面的時間通常都是早上九點到晚上九點左右，這段時間我將精力全部耗費在外出跑業務上；至於業務處理或者製作提案表等份內的文書工作，我會在晚上十點左右回到公司並做到三更半夜。

然而，這樣很快就會把自己逼到極限。

我都工作到了半夜，如果還想回到家中的話，睡眠時間自然只會更少。我的大女兒年紀還小，正是最可愛的時候，加上妻子又懷著身孕，我其實很想每天飛奔回家，就算只能看看她們的睡臉也好。但若是每天這樣來回，我自己也會撐不住。所以我和妻子商量後，決定只有週末回家，平常就在公司打地鋪過夜。

而且為了盡可能地多與幾位客戶見面，我整天都在外面跑來跑去。

和客戶見面時，我當然也會告訴自己「不可以一心只想著要賣保險」。

然而這絕非易事。**就算心裡想著「不可以去想賣保險的事」，潛意識肯定還**

是會透露出「賣吧！賣吧！」的想法。人類實在是無可救藥的自私存在。

以前我曾聽過某人談論「有趣的表現手法」。

「有啤酒肚的男人，雖然在大家面前會縮起肚腩，但周遭的人所注意到的，其實只有他在鬆懈時所露出的小腹。」

正是如此。會傳達給對方的並不是我努力想要思考的，而是我在「潛意識」中所想的事情。這時我才被迫了解「潛意識」究竟有多麼可怕。

反覆自問自答，重新凝視「自己的根基」

所以在面對客戶的時候，其實也是在面對自己。

我的內心其實是希望「傾聽」客戶的話語，對於客戶的煩惱與不安抱持「同感」，然後「站在客戶的立場」來思考事情。然而卻無法得到客戶的「信任」，根本完全無法發揮「影響力」……。

為什麼會這樣？經過一番自問自答，還是只能承認我的心底有著「要賣保險」、「要讓自己獲利」等等這類的「For me思考」。每當在和客戶談話時，我便會反覆這樣自問自答，隨之修正自己的舉手投足，慢慢**修正自己的根基。**

雖然我的努力並不是很成功，數不清究竟遭到多少客戶的回絕。

但在我的自問自答之下，內心還是有在慢慢地脫離「For me思考」。從某個時期起，眼前的客戶逐漸開始主動給予一些善意的回應。

以前我總是據理力爭、試圖透過道理說服對方，結果反而傷害了和朋友之間的關係；而現在完全不同，我可以在相當自然的對話當中，**不知不覺就聽到對方說出「我明白了，那我要加入你所介紹的保險」，或者「我想介紹個人給你」之類的話。在我看來，這樣的轉變實在是相當地戲劇化。**

當然，在這段期間裡，我也有用我自己的方式，試圖磨練出能讓對方的

「潛意識」奏效的技術。不過我想，這並非是讓我有所改變的根本原因。

之所以會這麼說，是因為當我自己在接受別人推銷的時候，就算是溝通技巧相當高明的業務員，我也還是會直覺想著「不能相信他」。也就是說，**光是使些小手段，是無法騙過對方的。**必須要讓自己的潛意識完全脫離「For me思考」，銷售技巧才會像是擁有生命般活靈活現。

這並不單純只適用於業務行銷方面。

舉例來說，想要讓部下的行為有所改變時也是一樣。

無論上司給出多麼明確的計畫，如果潛意識中「為了讓自己出人頭地，所以得讓部下按部就班行動」，或者「為了讓自己獲得好評，所以要好好利用部下」這類「For me思考」過於強烈，那麼部下也會非常敏銳地察覺到這些想法。

與此同時，部下也會對於上司的指教直覺地產生異常感，理所當然也會試著反駁或是抵抗。**想要促使部下行動，第一要點就是克服自己心中的「For me思考」。**

不過如果提倡完全捨棄「For me思考」，那就只是在說謊而已。

無論如何，人類都是個自私的生物。我不認為有人可以完全捨棄「For me思考」。更何況**對方一定會看穿「謊言」，當然也不可能相信「說謊者」。**

因此，不用把捨棄「For me思考」這件事情想得太過嚴肅，有「For me思考」也沒關係。最重要的是不能單純只有「For me思考」，同時也要認真地為對方、團隊、組織、社會著想才行。在**「為了自己」的同時，認真追求對於周遭來說也能加分的事情，如此一來，就能逐步克服「For me思考」。**

05

影響力就像是「合氣道」

活用「對方的力量」，「輕輕鬆鬆」推動事物

為什麼克服「For me思考」後，就能夠「輕輕鬆鬆」有所收穫？

克服「For me思考」——。

這樣說的話或許會給人一種非常嚴以律己的印象。

就我自己來說，當初作為一個業務員，內心對於不去想「獲取業績」這件事情其實充滿著抗拒。畢竟這個想法根本就是否定了先前拚命努力想去「推銷」的自己；更何況話又說回來，「不去想著推銷，卻能夠成功把東西賣出去」感覺就需要非常高超的技巧。

而且人類會有「慾望」。我身為一個全傭金制的業務員，當然會想要推

薦客戶能讓自己拿到更多抽成的商品。如果想要克服這個「慾望」，我覺得好像需要對自己有著非常高的要求。

然而這其實是個非常大的誤解。

我也是在實際體驗到這點後才恍然大悟。實際上，**克服「For me思考」後，就能夠「輕輕鬆鬆」得到成果。**這是怎麼一回事呢？接下來我會透過闡述自己所經驗過的情況來說明這個機制。

事情發生在我收到晚輩撤回契約的消息後幾個月，也就是我雖然在錯誤中不斷地嘗試讓自己擁有「正牌的影響力」，但成績還是持續「低迷」的那段時間。

我偶然獲得和某位初次見面的客戶面談的機會，不過一聊之下才得知，對方已經加入其他公司的人壽保險了。說實話我感到非常失望，但並非完全放棄。因為若是他與其他公司簽的保險契約內容不夠好的話，我就能夠提出一個更好的方案給他。

然而看過對方已經簽的契約內容以後，我發現那份契約完全沒有任何不合適之處，是內容相當完整的保單。我一邊聆聽對方的說明，一邊感受到自己打從心底渴望的「業績」正逐步離自己遠去。

此時在我心中出現了某個慾望。

我是保險與金融方面的專家，只要找個理由，就可以營造出讓對方跳槽成為我司客戶的機會。因為對方相對缺乏金融知識，所以這是有可能做到的。

但我心中出現了另一個聲音制止了自己。我捫心自問：「這是誰的保險？」而答案很肯定，這並非我自己的保險，而是客戶的。既然如此，就不應該做多餘的事情。畢竟如果硬是想要「賣出保單」，也只會被對方討厭……。

不執著於「眼前的利益」，才能獲得無可替代的「財富」

雖然過程大概只有幾秒鐘，不過我在經過內心千頭萬緒的掙扎之後，還是決定乖乖告訴客戶。

「我覺得這份保單的內容很好，你加入了不錯的保險呢。」

那瞬間，我覺得胸口抽痛了一下。

因為這幾乎可以確定我的「業績」就這樣飛了。

不過看見客戶高高興興說著：「真的嗎？聽專家這樣說讓我覺得安心多了」，我也不禁開心了起來。同時覺得自己似乎克服了「For me思考」，內心神清氣爽。話雖如此，但畢竟沒能拿下業績，因此當下我的內心還是有點失望。

不過事情沒有就這樣結束。

後來又過了一陣子，客戶主動和我聯絡。

「之前謝謝你聽我商量關於那份保險的事情。不過我想，金澤先生您應該本來是想賣自己的保單吧！總覺得很對不起你，所以我有特別留意身邊有沒有認識的人想要買保險，結果還真的有。你要不要跟對方見個面呢？」

這令我感到喜出望外。

先前因為一直困在「For me思考」當中，導致自己走過的地方都變得「一片焦黑」；如今終於出現主動幫我介紹新客戶的人，對於當時四面楚歌的我來說，正是看見一絲光明的瞬間。

幾乎什麼都不用做，對方就會自己行動

同時我也發現了件非常重要的事情。

那就是我幾乎什麼都沒做，就讓對方主動介紹新客戶給我。

那時的我真的只是想著要用自己的方式，對客戶「有所幫助」而已。明明只是這樣，對方卻刻意為了我去尋找「正在評估是否要買保險的朋友」。我忍不住想：「這真的是件非常厲害的事情吧」。

為什麼客戶會願意為我花這個功夫呢？

肯定是因為我在傾聽對方的煩惱與不安之後，以專家身份評估對方已經購買的保險，然後拍胸脯保證對方選擇的是份「好保險」，對方因此而感到高興，並對我懷抱著「感恩的心」。

同時，對方也因為面對「身為保險業務的我」，卻沒有選擇加入我的保險這件事情，而在「潛意識」中感到「抱歉」。因此**才會覺得應該要對我「『回報』些什麼」，而憑著自己的意志為我付出。**

這就像是合氣道吧！

在我的理解裡，合氣道這種武術**並非是要去抵抗對手的力量，而是借用對方的力量，來改變他的行動。**與之同理，只要能讓對方在潛意識當中對我方抱有正向情感，那麼對方就會自發性的為了我方做出行動。

並非抵抗對方的力量，而是借用對方的力量，所以我們根本不需要多加使力。**脫離「For me思考」，想著要對對方「有所幫助」，那麼對方自然也會把力量借給我們。**也就是說，如果能夠發揮「正牌的影響力」，那麼自然能夠「輕輕鬆鬆」得到成果。

就算刻意想讓對方行動，也只會「消耗」自己的能量而已

另一方面，「冒牌貨的影響力」就相當糟糕。

只要回想我被TBS時代的晚輩撤回契約的事情，就能夠輕易理解這點。那時的我困在「For me思考」當中，為了要讓晚輩簽下契約而對其施壓，想用惹人厭的方式逼迫對方投降。這不單單只是讓對方感到不愉快，同時也會對自己造成精神上很大的壓力。

而且就算當下成功壓制對方，最終還是會遭受反彈。**只要靠的是「冒牌貨的影響力」，不僅會給自己帶來極大的負擔，同時還會導致長時間努力也得不到任何成果**（甚至損失的還比較多）。

雖然這樣講起來相當諷刺，不過這可完全無法說是「嚴以律己的工作態度」。為了要從那種痛苦的生存方式中畢業，就必須學習「正牌的影響力」。

只要能克服「For me思考」，就能得到「正牌的影響力」。

如果能發揮「正牌的影響力」，周遭的人也會開始把自己的力量借給你。就算你的能力還不夠充分，周遭的人也會為了讓你成功而為你開闢「道路」。

根據這樣的基本原理，第2章開始我會詳細介紹要用來打造「正牌的影響力」的具體技術。再複述一次，為了活用那些技巧，千萬不能忘記要先克服「For me思考」這件事。畢竟那才是一切的根源。

第2章

「故事」能夠打動潛意識

06

循序漸進建立的「影響力」才是財產

「快速成為有影響的人」的方法並不存在

耐心「增加籌碼」，
總有一天會迎來「成果最大化」的瞬間

現在這個時代，提到「影響力」這個詞彙時，大部份的人最先聯想到的或許會是「網紅」。

正如各位所知，所謂的網紅就像是知名 YouTuber 等等，能夠大幅影響世間或人們思考與行動的人。他們可以說是最懂得如何使用「影響力的魔法」的人。

或許拿起本書閱讀的各位讀者當中，有人會以為這本書裡講述了「迅速成為網紅的方法」。

然而，我必須跟這些讀者說聲抱歉，本書的目標並不是讓你成為網紅。而且話又說回來，應該根本不存在那種方法。就算真的有，我想應該也只能達成短暫的成功。

當然，我自己也不是網紅，所以並不清楚實際情況是否確實如此。

不過我有認識一些YouTuber和常上電視、具備影響力的知名人士，觀察他們平常的生活態度，我可以斷言**他們當中沒有人是「快速成為擁有影響力的人」的**。

甚至可以說他們的共通點都是抱持著**「一步一步慢慢累積」的態度**。

以某位人氣YouTuber為例，他的知名度之所以會出現戲劇化的提升，正是因為上了電視節目而受到矚目。他以自己在電視上所建立的知名度作為根基，確立自己身為YouTuber的地位。

也就是說，他是靠著「上電視節目」這個大好機會才能讓自己的人氣出現跳躍性的成長，但這絕對不是「抓到迅速竄紅的機會」。

事實上甚至可以說是完全相反。他在得到上電視的機會之前，就已經見過多不勝數的人們，除了向其他人傳達自己所擁有的能力以外，也持續和其他人建立信賴關係。也就是**不斷增加覺得「這個人真有趣」、「這個人感覺可以信任」、「我想給他機會看看」的「母數」**。

在這樣慢慢持續增加「母數」之後，其中有個人把他介紹給電視節目的相關人員，因此他才會獲得絕佳的機會，並且成功掌握住那個機會。

在旁人眼裡，或許會覺得他是因為上了電視而得到快速成功的機會，但這個大好機會降臨的背後，正是因為他擁有持續透過努力，增加信任關係的龐大「母數」。

也就是說，只要針對眼前的對象逐步「增加」自己的「影響力」，就會有千載難逢的機會降臨，出現大幅提升「影響力」的「成果最大化」。這是和我有所往來的網紅們的共通之處，也是我身為業務員所親身經歷的「真理」。

如果不在櫃子上放一大堆「萩餅」，就不可能會有「櫃子上掉下來的萩餅」出現

接下來要和大家談談我自己的經驗。

正如我在第1章所述，由於被TBS時代的晚輩撤回契約，因此我決定努力克服「For me思考」，從根本上改變自己跑業務的方式。簡單來說，就是「不要總是想著要賣東西」，更重要的是讓眼前的客戶覺得「這個人或許可以信任」、「我想跟這個人有更多往來」等等，我認為這才是跑業務的目的。

就算對方並沒有當下和我簽約，只要內心有著「如果哪天要買保險，就跟金澤買吧！」的想法，那麼在他忽然覺得「該來買個保險了」的時候，應該就會第一個想到要與我聯絡。或是他的親戚朋友需要買保險時，他肯定也會想要把他們介紹給我。

當然，對方來跟我買保險或許會是一年、五年，甚至可能是十年之後的事；也有可能都沒有來找我買保險。不過那樣也沒關係。總而言之，我是抱持著盡可能地**增加那些相信「我這個人」——就算再怎麼微弱也沒關係，只要能夠擴散「正牌的影響力」——這些「母數」才是最重要的。**

當然這也是我的計謀。

業務是講求「機率」的。換句話說，只要增加信任「我這個人」的「母數」，那麼就算不刻意去「強迫推銷」，主動聯絡我要「買保險」的人數肯定也會增加，成交數量隨之提升。

日文裡有句俗語——「櫃子上掉下來的萩餅」，指天外飛來的好運。大家可以想成如果希望讓「萩餅」三不五時掉下來，就必須努力地把「萩餅」堆到櫃子上面去才行。雖然有些人會覺得「那傢伙只是碰巧撿到『櫃子上掉下來的萩餅』，算他走運」，但我認為，只有那些**努力將「萩餅」擺上去的人，才有可能撿到掉下來的「萩餅」。**

事實證明這個想法沒錯。在此之後，我也繼續努力累積「母數」，而成交數量也確實增加。剛成為業務員時遇到的大難關彷彿從來不存在般消失，進入公司第一年，我就拿到保誠人壽個人業務部門國內第一的成績。

從「親近之人」開始，一步步培養「信任關係」

不過確實也有發生意料之外的事。

也就是我從未想像過的「幸運」意外降臨。

接下來我所要講述的，是在我第一年成為業務員時，有人介紹給我一位年輕創業家的故事。

我第一次見到他的時候，他的事業還沒有步上軌道，正在掙扎奮戰之中。也是因為這樣，所以他沒有馬上跟我買保險，不過我介紹了幾位能對他的事業產生良好影響的事業家和經營者給他，並且一直和他保持聯繫。

後來有天我突然收到了他的訊息。

「我這一期的獲益似乎相當驚人。我需要針對獲利結算的報稅方面想些對策，請您幫幫我。」

見面後一問之下，我才知道原來他經手的事業終於正式步上軌道，而且一鳴驚人。

接著他說：「都是多虧金澤先生介紹許多貴人給我，所以我才能夠抓住這些機會。真的非常謝謝您。」他不但是口頭上跟我道謝，還簽下了金額相當高的保險契約，可以說是我的影響力在他身上以「有形」的方式出現。

而且他在創業成功以後，也接二連三地把身邊熟識的經營者等介紹給我。托他的福，我身為業務員的人脈逐漸拓展，「影響力」突飛猛進。

當初的我真的沒想過會發生這種事情。

而且這種「幸運」有好幾度降臨在我身上。如果能夠逐步用「增加籌碼」的方式來累積「母數」，終有一天，這些努力會以意想不到的形式轉換為「成果」出現。

如果每100個「母數」中會出現一次「成果」，那麼將「母數」增加到1000個的話，「成果」就會出現十次。而且雖然當「母數」只有1個時，乘以100倍也還是只有100個；但當「母數」成長為100個的時候，乘以100倍就會變成10000個。總而言之，最重要的是用「增加籌碼」來不斷累積「母數」，這樣一來，轉為「成果」的數量也會跟著提升，一旦「成果最大化」的時機來臨，就會發生極大化的效益。

所以我並不追求「成為網紅的捷徑」，或是「讓影響力增幅的捷徑」，**而是認為最重要的是從身邊的人開始，逐步增加有著信任關係的「母數」。**與此同時，如果能夠增加「正牌的影響力」所能波及的對象，那麼將來「影響力」一發生戲劇化成長的機會肯定也會提升。

07

打造「自我形象」

主動表明「個人喜好」，產生「親近感」

讓「自己這個存在」深植對方心中

拉近與對方心理上的距離——。

這是培養「影響力」的第一步。如果和對方離得很遠，那麼就不可能促使對方的潛意識發揮作用。換個角度來說，我們必須**讓「自己這個存在」深植對方心中才行。**

我為此下了許多功夫。接下來要介紹一個用來「打造自我形象」的方法。就我個人來說，我已經確立了「金澤景敏＝粉紅色」這樣的角色設定，也托此之福獲益良多。

我從小時候就很喜歡「紅色」。

因為「秘密戰隊五連者」等特攝戰隊作品當中，代表色為「紅色」的人一定會是主角。我從孩提時代就渾身充滿自我表現欲，滿心想著如何讓自己鶴立雞群，可能是因為這樣，我對於象徵主角的「紅色」有著強烈憧憬。

然而上了高中以後，我開始會去甲子園球場幫阪神虎隊加油，因而發現有比紅色更加顯眼的顏色存在。那就是「粉紅色」。擠在球場裡的年輕球迷們穿著螢光粉紅色的背心，看起來相當華麗。自此之後，我身上的穿搭打扮總是會參雜一些「粉紅色」的元素。

不過剛開始轉職到保誠人壽擔任「業務員」時，我在思考過後決定放棄在身上穿戴粉紅色的東西這件事。因為我覺得身上穿戴粉紅色東西的業務員，無法獲得顧客的「信任感」。

因此我模仿那些「已經獲得成果的業務員」。

我閱讀了那些成績頂尖的保險業務員所撰寫的書籍，上面寫著他們推薦的穿搭，我便依樣畫葫蘆。深藍色西裝搭配白色襯衫、黑色皮帶加上黑色皮鞋、手錶選擇黑色皮革錶帶和白色錶面、髮型要把側面往上剃……。完全轉換成連粉紅色的「粉」字都不存在的樣貌。

我確實有感受到這樣的外在條件會給對方帶來清潔感與信任感的效果，是作為業務員活動時最為合適的服裝。這也是一種「影響力」。雖然這實在不是我個人喜歡的打扮，不過我還是把這套標配視為制服，穿到非常習慣。

一旦有了「角色設定」，就能當成對話時的「梗」

然而，後來我覺得身為業務員想要獲得成果，就至少要展現出一點「自我特色」。

所以我把領帶換成了粉紅色。而且還不是普通的粉紅色，而是和阪神虎隊背心一樣的螢光粉。同時我也把筆盒以及袖扣之類的小東西換成了粉紅色，一方面是因為這是我最喜歡的顏色，另一方面則是覺得這樣**或許可以拿來當成我和客戶對話時的「梗」。**

實際上也立即奏效。

畢竟螢光粉紅色的領帶真的非常顯眼，所以會有客戶主動問我：「您喜歡粉紅色嗎？」

當然，也有人在看到領帶時不會多問什麼，但是看見我從公事包裡拿出粉紅色的筆盒，裡面裝的原子筆也是粉紅色的，甚至就連手帳也是粉紅色……大部份人都會忍不住笑出來。

而對於「您喜歡粉紅色嗎？」這樣的問題，我會回答：「是呀！我是大阪人，是阪神虎的大球迷，因為阪神粉絲的背心是粉紅色的……」像這樣**很自然地做起自我介紹**，之後還能把話題推展到出身地、職業棒球，又或者是喜歡的體育項目等等。

或者提到「我小時候很崇拜戰隊裡的紅色戰士……」之類的話題，就算是初次見面的對象，也可以忽然聊起童年回憶。如果**聊天氣氛變得比較熱烈，就能從「客戶與業務員」這樣的關係中，一口氣縮短距離。**

不是讓對方記得你的名字或職稱，而是認得你的「角色設定」

除此之外也曾發生過這樣的事情。

這是一位老闆告訴我的故事。他說他請自己的女秘書「把這些資料傳給保誠人壽的金澤先生」，由於對方臉上浮現「金澤先生？是哪位啊？」的表情，於是他又說「就是那個粉紅色的大猩猩」，對方馬上露出恍然大悟的樣子回答「唉呀！原來是那位！」。

雖然稱呼我為「粉紅色的大猩猩」真是沒禮貌（笑）。不過我因為身材高壯，所以也會自稱是「大猩猩」，實在無法抱怨他人。

重要的是，對方不是記得我的名字或者職稱，而是以「粉紅色的大猩猩」這個角色設定來記住我的。也就是說，只要打造出能夠讓人留下印象的角色，對方就比較容易認知到「我這個存在」。

而且每當我去拜訪那間公司時，只要滿臉笑容地打招呼說：「您好，粉紅大猩猩來啦！」，秘書小姐也會打從心底笑出來。只是透過這種小事，便能讓我和秘書小姐的距離感一口氣縮短。

在和那位秘書建立了較為親近的關係以後，當我有急事要約老闆時，她就會盡量通融我的請求，想方設法幫我的忙。而且對於能夠和自己的秘書建立良好關係的我，老闆心中應該也會有不錯的印象。

從讓對方以「粉紅色的大猩猩」這個角色來對我有所認知做起，我的「影響力」應該就能不斷擴散開來。

表現出「個人喜好」，世界也會變得更加開闊

當然，這是我的個人案例。

我是用自己喜歡的顏色「粉紅色」來打造出我的角色設定，但要建立什麼樣的形象，完全因人而異。

我有位男性朋友非常喜歡迪士尼樂園，他總是配戴印著米老鼠等角色圖案的領帶，原子筆和資料夾等物品也大多是迪士尼的產品。

他是喜歡迪士尼到因此舉家搬到迪士尼樂園附近的「砸重金派」，也是個全身上下都是迪士尼商品的真愛粉，一看就會知道他的角色設定正是「喜歡迪士尼的大叔」。如果能夠與工作上，拉近與其他人之間的心理距離，同時又能得到許多人協助，我想事情做起來應該會順利許多。

像是這樣，不僅僅是埋頭苦幹，而是積極地表現出「我喜歡這個」等個人特色，對於在建立「角色形象」方面來說相當有意義。

並不需要覺得羞愧。當然也要稍微看一下TPO*，不過還是可以盡可能地表現出「我喜歡這個東西」。這是「自我表現」的機會，而這個**「自我表現」就是你和其他人溝通的起點。**世界會從這裡開始慢慢拓展開來。

*TPO：分別指Time（時間）、Place（地點）、Occasion（場合）。

08

「努力的人」會支持「努力的人」

不管有多麼駑鈍，努力的人都會得到「力量」

什麼樣的人是大家都會「想要支持的人」？

總而言之請加油——。

這也是從零開始建立「影響力」時非常重要的一點。

因為**不管是誰，只要有人拚了命地盡全力在做某件事情，其他人都會忍不住想要「支持」他。**只要是真心誠意地付出努力，光是這樣，就能夠喚起對方潛意識中的正向情感。

請回想一下運動會時的賽跑。

跑得快的孩子們，有些人會在確信自己會得到第一名之後，在終點線前忽然慢了下來對吧？其實從小運動細胞還算優秀的我就經常做出這種事情。說老實話，這是因為我覺得從容通過終點的自己「很帥」。

但是當我變成為人父母的角色，參加孩子的運動會時，才發現自己會去注意的並不是那種像小時候的我一樣，從容取得金牌的人，而是那些雖然吊車尾，卻還是拚了命在向前跑的孩子。

當然，**人類在累積各式各樣的經驗以後，就會親身體驗到如果沒有天生的能力或才氣，那麼無論多麼努力，都無法得到結果時的那種「悔恨」與「痛苦」。**所以看到那些吊車尾卻仍然拚命努力的孩子時，就會像是看到自己的縮影般，浮現「加油啊！」的念頭，忍不住想去支持他們。

在職場上也是一樣。

無論多麼笨手笨腳，只要是拚了命在工作的人，周遭其他人就會出現「希望能幫上他的忙」、「希望能讓他做出點成果」、「希望他能成功，好想看看他打從心底高興的模樣」等等想法。

然後這些人就會願意出借自己的力量，告訴他貴重的資訊，或是介紹重要的人物給他等等，總之就是會想去支持他。也就是說，他會具備能夠使周遭人們行動的「影響力」。

好好將自己的努力「搬上舞台」

我身為業務員，對這樣的「影響力」有著親身體會。

正如前面我所提到的，當時的我給自己的課題實在是相當嚴苛。而且當時的我也會想方設法地把自己有多麼拚盡全力在工作這件事傳達給客戶。

當然，這種事情可不能硬是說給客戶聽，而是要在聊到「為什麼會選擇做這樣的工作？」，或者提到「我是抱持著什麼樣的想法來做這份工作的？」等話題時，作為自我表現的環節來讓對方理解。如此一來，幾乎所有客戶都會認真地聆聽我的敘述。

自此之後客戶面對我的態度也會出現各式各樣的變化。

當時的我從早上九點到晚上九點都在外面跑業務，為了處理文件和製作提案等內勤工作而在晚上十點回到公司，挑燈夜戰到三更半夜。

因此我只有週末才會回家，平日就是裹個睡袋在公司過夜。當我毫不隱瞞地將這個事實說出來時，光是這樣就會讓大部分的人驚訝地問「真的嗎？」，或是驚嘆「會有人做到這種程度嗎？」。

我還會刻意做些「表演」。

比方說，在討論下一次見面的時間時，我會故意把手帳內頁攤給對方看。讓對方看到我寫滿行程的手帳，除了讓對方明白如果在見面前才要變更時間，對我來說會是非常「殘酷」的事情，更重要的是希望對方能夠了解「這個人真的非常努力」。

或者有時候我會在晚上先擬好要給客戶的信件，但不會馬上寄出，而是刻意在要睡覺前的半夜2～3點時按下送出，或是在早上6～7點剛醒來時把信件傳送出去，這也是為了有效表現出我非常努力的樣子。

雖然我多少有點「誇大其詞」，但絕對不是「捏造事實」，只是根據事實來「放大演出」（「捏造事實」會失去別人的信賴，所以絕對不能這麼做）。

這類**讓自己能夠看起來更加優秀的「表演」，我認為對於打造「影響力」來說是非常有意義的。**就算之後告訴對方這其實是一種「表演」（也就是告知真相），大部分的人也只會覺得「真是調皮」而懷抱好意接受。

「努力的人」絕對會去支持「努力的人」

話雖如此，我想不用我說，大家也很明白，本質上最重要的還是要真的「拚了命地努力」。**是否真的有在拚命努力，其實對方都能感受到。**

這幾年來，我對這點特別有感觸。

近幾年有許多業務員會來向我搭話：「請告訴我跑業務的秘方」，但是因為時間有限，我無法一一回應他們所有人，而是必須選擇要跟哪些人見面。

而這時候最有效的，就是觀察對方談話時所散發出的「認真」和「拚命」。畢竟我自己身為業務員時，可是拚命到「絕對不可能再更努力」的程度，所以能以動物的本能感受到對方是否「認真」且「拚命」。

就算只有透過電子郵件來往，對方的信件內容、用字遣詞、回的時間點等等，這些都會透露出一些訊息。如果有辦法以電話交談，那麼就可以靠著聲音或抑揚頓挫來得到更多資訊。只有在能夠確實地感受到對方的「認真」與「拚命」時，我才會下定決心「見面」。

我想這就跟我還是個在外奔波的業務員時，帶給客戶的感覺一樣吧。

也就是說，包括我說自己「每天裹著睡袋在公司過夜」等等，對方在與我交談時，感受到我身上所散發出來的那種「認真」，所以才願意支持我。因此他們願意和我買保險，或者介紹自己的朋友給我。

這並不僅限於面對客戶時。

在面對上司或者同事等各種其他人際關係時亦是同理。想要由零打造出「影響力」，最重要的就是拚命努力。無論有多麼笨手笨腳，只要是發自內心認真努力的人，就會有許多人願意伸出援手。**得到越多人的支持，就會比較容易得到「成果」。**

當然，無論是在哪個時代，總是會有人冷眼嘲笑他人的「努力」，而這也是事實。我也曾被不知道多少人冷眼嘲笑過。而且就算是努力過後，也不見得就會得到別人的支持。拚命努力但到頭來無疾而終也是很常見的事情。

然而我希望大家還是要記住一點。

「正在努力的人」絕對會去支持「正在努力的人」。

這個世界上會成功的，絕對都是「正在努力的人」。也就是說，只要好好認真付出努力，總有一天會被「成功者」發現，而在「成功者」的幫助之下，你也能夠搭上朝著「成功」而去的順風車。

不過，「成功者」都是靠著自己一路以來付出１００％的認真努力才走過來的人，所以無法用障眼法來欺瞞他們。如果你只是「裝作拚命努力」，那麼很容易就會被他們識破。必須要真心誠意地「認真努力」。這正是我們拉近與「成功」之間的距離的最大原則。

09

「故事」能夠打動潛意識

「丟臉事蹟」才是真正的「寶物」

只靠「數字」與「資訊」，絕對無法打動人心

不用「資訊」，而是透過「故事」來傳達——。

這也是打造「影響力」時非常重要的一點。

當我們希望對方能夠有所行動的時候，很容易就會想用「資訊」來說服對方。比方說，希望能夠得到對方的信賴時，我們會透露自己的學歷或是隸屬的組織等「資訊」；而希望客戶購買商品時，就會告訴對方「商品資訊」。

不過**枯燥乏味的「資訊」無法打動對方的心，就算理性上理解「原來如此，原來是這樣啊！」，也只會得到類似「那所以呢？」的回應。**

我是在成為業務員後沒多久才發現這件事情的。

剛開始我在面對初次見面的客戶時，都會先拿「公司簡介」給他們看。首先說明保誠人壽在人壽保險方面是多具信用的公司，而在這間公司工作的我是個多麼值得信賴的業務員，然後才開始談論業務。

但是，無論闡述的過程有多麼地順利，都不會有客戶聽得津津有味。甚至有些人在面對傳達這些「資訊」的我時，會直接表現出一臉毫無興趣，滿臉「真是個無聊的人……」的表情。在這種狀態下，不管我再怎麼說明商品內容，對方也理所當然地聽不進去。

不能再這樣下去……。

就在我這麼想時，忽然發現了一件事。

當我在自我介紹時，隨口提到「我是在辭掉ＴＢＳ的工作之後，才成為人壽保險的業務員」，反而有的客戶會忽然產生猛烈反應，詢問：「咦？為什麼？」、「為什麼要離開ＴＢＳ？」等等。

然後在對方的詢問下，我開始談起自己的「故事」，客戶也會因為好奇而用心聆聽。有好幾次，我都因此體會到與客戶在心理上的距離突然拉近。

咬著牙「坦白」自己心中的「傷口」

我所說的是這樣的「故事」。

我先前已經提到，會辭掉TBS的工作是因為我在電視台上班時，發覺被大家吹捧的自己變得越來越「驕傲」，越來越醜惡。又或者說，越是被人吹捧，我自己心中的那個「傷口」就越刺痛到無法忍耐。

那個「傷口」是我在隸屬京都大學美式足球社時所造成的。

我對於美式足球這項運動一直抱持著「有所顧忌」的態度。雖然我在名將水野彌一教練帶領的「名門」京大美式足球社裡擔任先發球員，但現在回想起來，我根本沒有「認真」在面對美式足球。

當然我也沒有擅自翹掉美式足球社的嚴苛練習，也總是把「要成為日本大專院校第一」掛在嘴邊；然而實際上我並沒有「更加努力」，試圖超越自己的極限。也就是說，我其實根本並不「認真」。

這件事情被教練看穿，而我自己也心知肚明。我知道我並非無法成為日本第一，而是我根本沒有認真地想要拿下這個頭銜。

為了逃避現實，我總是抱持著不上不下的心情，裝模作樣地活著。結果就在沒能成為日本第一、沒有完全燃燒自我的狀態下畢業。即便這樣，我還是靠著京大美式足球社的背景力量，幸運地進入了TBS這間公司。

盡可能向下挖掘自己「努力的理由」

我在電視台所負責的是運動節目。

畢竟這符合我的志願，所以我對此充滿熱情。然而同時這也表示，我再怎麼不情願，也得要面對過去那個「成天裝模作樣、態度不上不下的自己」。

因為電視節目裡所介紹的那些一流運動員，毫無例外都是每天好好面對自己、持續「再多努力一點」，想辦法超越自身極限的人。和那些「正牌」一起工作，就不得不面對「自己根本是個冒牌貨」的事實。但我還是裝作若無其事，就這樣日復一日。

後來決定性事件發生了。

那是我去參加朋友宴會時的事情。

我坐的那桌有一位餐飲店經營者。由於我的個性非常喜歡和大家一起共襄盛舉，所以當時的我也試圖成為炒熱氣氛的核心角色。然而那位餐飲店經營者雖然有稍微配合我一下，看起來卻有些不高興的樣子。等到宴會快結束時，他對我們說出了這一席話。

「其實我最討厭的就是你們這種什麼菁英人士。我可是個只有中學畢業、滿懷自卑活著的男人，管他什麼流血流淚，就連吃土我都願意，好不容易才讓公司壯大到這種程度。」

場面瞬間陷入尷尬。

身旁的夥伴有人臉上浮現出「幹嘛在這種地方講這種話啊……」的表情，然而這些話卻用力刺進我心中的「傷口」。我忍不住想著「作為人類，我徹底輸給了這個人」。

自此之後我又幾度反芻著那位餐飲店經營者的話語，然後開始思考，如果我繼續待在電視台，雖然能在優渥的環境下持續受人吹捧，但我實在不想再為此而繼續讓自己裝模作樣地活著了。我不希望自己抱持著這種心情過完珍貴的人生，而且我打從心底認為這是種「醜惡」的生存方式。

所以對於根本沒有「認真」鑽研美式足球的我來說，必須先去否定電視台因為我是京大美式足球社出身而錄取我的這個「原點」，重新開始為了什麼事情而「認真」鑽研。

就在那個時間點，在保誠人壽上班的京大美式足球社同學問我：「要不要來當同事呢？」，我才下定決心轉職。「我想在日本第一的保險業務公司保誠人壽當中，成為業務員中的日本第一」，我想要作為一個業務員，達成那個我在美式足球社團時代含糊帶過的「日本第一」這個目標，重新奪回自己的人生。

自己的「丟臉事蹟」才是無可取代的「寶物」

這就是我的「故事」。

我一邊回答客戶問題，一邊闡述這個「故事」，接著表示自己為了成為「日本第一」而在公司過夜，給自己相當嚴厲的目標等等。聽到這邊，所有人都會明顯地在「情感」上有所動搖。

同時他們也會對「金澤景敏」這個人提起興趣，對我產生同理心。其中有些人還會開始聊起自己的「傷口」，以及他是如何跨越那些「傷口」的過程。這麼一來，我們之間就產生了簡直不像是初次見面的「關係性」。

理所當然地，產生了這種「關係性」的人，通常主動向我買保險或者介紹朋友給我的機率會非常高。我認為這是由於他們對我的「故事」有所同感，讓「影響力」發生了作用。

這就是「故事」的力量。

每個人的人生當中都有自己的「故事」。

而所有人的「故事」裡都深藏著喜怒哀樂等各種情緒。正因如此，接觸到其他人毫無虛假的「故事」時，自己的情感自然也會有所動搖。

那個「故事」並不需要有什麼帥氣的成份存在。我所說的「故事」就非常丟臉。但正是因為我打從心底想要克服這種丟臉的過去，才會選擇為此起身行動。我想就是因為這樣，才會有人對於我的「故事」感同身受。

所以**若是想要打動他人，首先最重要的是正視自己的人生。**

並不需要耍帥。**每個人的人生當中應該都有不帥氣的時候、不中用的時候、笨手笨腳的時候。我認為那些才是我們真正的「寶物」。**

只要我們好好地去面對這些負面的事情，然後認真努力地去克服它們，就能夠產生打動周遭人們「情感」的力量。

最重要的是**老實承認當時的自己有多麼丟臉，然後打從心底希望能夠克服這些過去。**毫無虛言、堂堂正正地述說自己人生中的丟臉「故事」。當我們能夠做到這點時，我們就會被賦予可以打動他人的「影響力」。

10

「反差感」會催生出力量

「驚訝」、「疑惑」等情緒會吸引對方的注意

正是因為有所「反差」，才會產生「好奇」與「關切」

故事能夠打動潛意識——。

我在第9節中這麼寫道。

當我們想要說服對方的時候，很容易就會想要告訴對方「資訊」。為了說服上司，所以詳細告知關於自己想推動的企劃的相關「資訊」；為了讓客戶願意買下商品，所以費盡唇舌地描述商品的詳細「資訊」……。雖然這些也是必須要做的事情，但只是這樣的話，其實很難打動對方的心。

更重要的是「你為什麼想要推動這個企劃？」、「你為什麼想要賣出這

個商品？」等等，用講故事的方式告訴對方，更能得到對方的同感。

以我個人為例，講述「大學時代在美式足球這個領域上，沒有認真地為了成為日本第一而努力，因此感到懊悔萬分。為了跨越過去的自己，所以想在日本第一的業務公司保誠人壽中，成為業務這個領域的日本第一。」這樣的故事，就會讓許多客戶對我產生興趣，並且願意給予支持。

出現這種心情之後，才會開始想要好好聆聽商品資訊。**只有當「故事」打動了對方的潛意識，催生出「影響力」以後，才能成為一切的出發點。**

那麼，要如何打造出具有效果的故事呢？

我在**思考故事時，最留意的是「反差感」。**

舉個例子，我「辭掉TBS以後成為人壽保險業務員」的故事就充滿「反差感」。這點我自己也感同身受。當我遞出的是電視台的名片時，大家對我都會非常客氣；然而當我拿出保誠人壽的名片，甚至會有人直接露出「搞什麼啊！居然是保誠人壽……」的這種態度。為什麼我會選擇離開有品牌力量的電視台，成為一個「拉保險的」呢？這就有著相當大的「反差感」。

而這種「反差感」具有兩個相當大的意義。

第一個是會**帶給對方強烈震撼，引起他的興趣。**

實際上，在我說出「我辭掉TBS的工作，轉職成為人壽保險業務員」以後，大多數人都會驚訝地問「咦？為什麼？」、「為什麼要離開TBS？」，反應相當強烈，大部分人都會想追問下去。

這就是所謂的「上鉤」。「反差感」能夠引發對方潛意識中的「疑惑」、「神秘」、「好奇」等等強烈情感，因此態度轉變成想聽聽看我的故事。

「反差」背後，有著能夠強烈撼動人心的故事

第二，**「反差」的背後隱藏著能夠強烈打動對方情感的故事。**

在「離開TBS，成為『拉保險的』」這個反差的背後，有著前面所提到的我在學生時代的挫折，以及我想要跨越過去傷口的強烈欲望。

我想，**「為了跨越挫折而努力」這種故事，聽起來就像是少年漫畫裡的固定情節，是眾人都能有所共感的事情。**為此我還拋棄了身為ＴＢＳ員工這個優渥條件，以一個「拉保險的」身分來進行挑戰。聽到這裡，大多數人都會產生共鳴，浮現出「希望支持這個人」的想法。

另外也發生過這種事。

在進入ＴＢＳ沒多久後，我就發現原來「父母是只有高中畢業的小混混」這件事情也充滿「反差感」，非常具有震撼力。因為ＴＢＳ員工們的父母親多半有著相當高的社會地位，所以當我說出「父母是只有高中畢業的小混混」這種話時，就會成為眾人焦點。

如果有人追問，我就會開始聊起我和父母之間的故事。

我的父母年輕時相當淘氣，在學校裡沒有好好念書。他們都不會英文，所以去卡拉ＯＫ唱歌的時候，英文歌詞是照著上面寫的片假名拼音去唱的。

雖然這樣，但他們在很年輕時就創業，汗流浹背地開拓著自己的人生道路。

然而就在我上早稻田大學一年級時，他們經商失敗，被迫宣告破產。但他們還是希望我能有個好的「學歷」，所以在我說出「要工作幫忙還錢」時，還被他們責罵了一番。

可是當時的我卻無法老老實實地向他們道聲「謝謝」。反而還跟爸媽吵了起來：「家裡都陷入這種狀態了，還談什麼大學啊！我身為長男，就應該好好工作，想辦法讓這個家裡變得像樣點。」

價值稀有也是「影響力」的源頭

這時候祖母出現了。

「好了好了！你給我去讀大學，錢我來出。」

「妳哪有那個錢啊？」

「唉呀！就那點錢，我把保險解約就有啦！」

沒想到祖母居然有著長年累積的保險積蓄。當她對我說：「你也知道你爸跟你媽先前是抱著什麼樣的想法讓你去讀書的吧？你給我回去讀大學。」

我實在是止不住自己的眼淚。

話雖如此，情況還是很糟。

我沒辦法去上學費較高的私立學校（編註：早稻田大學為私立學校），雖然可以選擇再去報考京都大學，但我在應屆時考了兩次都沒錄取，而且實在是沒有時間準備，我感到萬分焦急。

結果這樣反而讓我更加努力，因為家裡的事情在背後推了我一把，使我抱著拚死的決心埋頭苦幹。我掌握住重新挑戰京大的絕佳機會，咬牙準備考試。當時除了睡覺時間以外，我應該都在念書吧。後來好不容易終於及格。

當然祖母和爸媽，大家都非常為我高興，我也因為感激大家而哭個不停。同時我相當感謝就算如此辛苦也把我拉拔長大的父母，打從心底覺得他們是我的驕傲……就是這樣的故事。

這個故事讓許多上司和前輩都相當感動。

因為TBS裡面幾乎沒有在這種「境遇」下長大的員工，所以**稀有度似乎也成了加分點，有的人自然會想對我多照顧一點，甚至不管背地裡或檯面上，都會有人給予支持。**

當時的我還沒有意識到「影響力」這種東西，不過我想那就像是一種動物性的直覺吧。說出「反差」背後的故事，就能夠在其他人的潛意識裡種下正面印象。

以「反差×故事」深入對方內心

「反差」幫助我將作為業務員的成績提升到一定程度，而創業後，我也將其活用至最大極限。

舉例來說，當提到我身為業務員時的最高年收，在說出極具「規格感」的數字之後，我一定會加上一句：「不過現在我只領固定月薪的10萬圓。」這樣一來，由於「反差」過大，大部分的人都會出現強烈的反應，問出：「真的嗎？」、「太可惜了吧！」，這也就是上鉤了。

接著他們就會問：「這樣難道不是繼續當業務比較好嗎？」、「為什麼要冒著風險出來創業呢？」，而這對我來說就是一個機會，因為這樣我就能熱切地向他們說明自己刻意辭去業務工作創業的「想法」。

舉例來說大概是這種感覺。

我創立的是AthReebo株式會社。公司名稱的由來是「運動員（Athlete）」和「再生（reborn）」這兩個理念，希望打造出讓運動員的人生持續活躍所需要的場所。

我在TBS經手運動節目製作時就一直抱持著這個想法，希望退休後的運動員能夠走在幸福人生的道路上。

對於小學、國中、高中都打棒球，大學又參加了美式足球社的我來說，運動員是我相當憧憬的存在。然而運動員當中，有的人「一輩子都只從事運動項目」。當然有些人是因為「不做自己不想做的事情」，不過有更多的人是「不曾有過運動以外的目標」。

因此我想打造一個地方讓他們可以一邊工作，同時學習社會、商業、經營等事情的場所。或者是建立一個架構，讓頂尖運動員們所擁有的那種無可取代的「價值」成為生財工具。抱持著這種想法，我成立了「AthReebo」，並且「只領固定月薪的10萬圓」而努力著。

這絕對不是為了運動員們而做。單純是出自於我個人希望那些自己所憧憬的運動員們，在退休後仍然保持那樣帥氣。這是我為了實現自己長年以來的願望而做的，就只是這樣。希望大家務必給予支持……。

大多數人都願意聽我說完這個故事。

而且會出現真的願意伸出援手的人。

我想只要把「反差×故事」銘記在心，應該就能夠打造出「影響力」。所以還請各位讀者務必找出自己人生中的「反差」。我想，那當中肯定**隱藏著可以打造出各位的「影響力」的故事。**

第3章

「有説服力的人」默默耕耘的事

11

重視「隨口約定」

「小謊言」會對人際關係造成「致命傷」

若是輕視「隨口約定」，必會失去重要的東西

「請遵守約定。」

像這樣寫出來感覺好像是國小的道德教育課本。甚至可能會有人輕蔑地想著：「說這什麼理所當然的話……」然而就是因為這樣，我認為正因如此，這對於培養出「影響力」來說才會格外重要。

為什麼說「正因如此」呢？

正是因為很多人會輕視「遵守約定」這件事情，所以能夠得到他人信賴，

被認定為「這個人永遠都會遵守約定」的人，才會具備強大的「影響力」。

其中又以「隨口約定」最為關鍵。如果是「重要約定」，那麼幾乎所有人都會留心，認為「要好好遵守才行！」；但是「隨口約定」就容易被大家看輕，甚至有很多人會覺得，反正是「隨口約定」，那麼只要說聲「對不起」、「我忘了」、「現在馬上做」之類的話，對方肯定就會原諒你呢？然而這樣想就大錯特錯。

就算是「隨口約定」，只要打破承諾，絕對會在對方的潛意識裡種下負面印象。

當然大部分的人可能會覺得「隨口約定」確實沒有什麼大不了的，所以並不會感到非常憤怒，頂多想著「唉呀算了……」、「真沒辦法……」，然後選擇原諒。

然而這個時候**潛意識裡面感受到的那種輕微的「幻滅」是不會消失的。**一旦這種事情發生了很多次以後，自然就會在內心埋下「這個人無法相信」的想法。

這實在是太可怕了。

就算輕視「隨口約定」也不會發生什麼大問題，所以大家很容易「敷衍了事」，最終喪失對方的信賴。

打個比方，這就很像是拳擊中的打擊動作。雖然只被打到一拳時並不會倒下，但若連續吃了好幾個拳頭，終究會成為致命傷。如果不好好重視「隨口約定」，那麼就會跟打擊動作一樣，最終成為你的致命傷。

「微不足道的事情」不斷堆疊，就能打造出強大的「影響力」

所以我一直相當重視「隨口約定」。

舉例來說，當我和客戶在聊天的過程中出現某個小小的疑問，而我告訴對方「我這邊查詢看看，今天之內會回覆您」，那麼一定要在「當天」查好並且主動聯繫。

或者如果說到「我們再約某個人一起去吃飯吧！」的話，就絕對要以行動實踐。大家三不五時就會把「一起去吃個飯吧！」這種很容易被當成單純的「社交用語」的話掛在嘴邊，不過我早就下定決心，絕對不能讓說出口的約定化為烏有。

這些都只不過是「微不足道的小事」。

然而只要好好做到這些「隨口約定」，不僅不會冒著讓對方失望的風險，還能夠感受到自己與對方的距離逐漸拉近。而不斷達成「隨口約定」以後，在某個時間點就會遇到豁然開朗的情境，讓你能夠明確感受到自己對於對方而言已經具備的「影響力」。

舉例來說，我曾遇過這種事情。

在某個客戶的介紹下，我認識了一位事業剛上軌道的年輕創業家，當時的他對保險並沒有什麼興趣，所以我也沒有硬是要推銷他買保險，只是把「和他建立關係」這件事情放在心上。

我想說那就介紹其他人給他好了。

如果有其他可以與他的事業產生相乘效果的人存在，而我能介紹那些人給他的話，我想他應該會很高興吧。而且如果因此產生火花，催生出對於這個世界有意義的嶄新服務，那麼對社會來說也很有意義。我抱持這種想法，好幾次邀約他：「要不要跟某某人一起吃個飯呢？」

就在過了兩三年以後。

不知道是第幾次一起吃完飯，我們聊起天來，他用感慨萬分的口吻告訴我這件事情。

「先前有很多人會跟我說什麼『下次我介紹那位老闆給你認識』，但真正有把人介紹給我的，就只有金澤先生您呢。而且多虧您介紹給我的那些人，我的事業也真的有所拓展。實在是非常感謝您。」

而且他還不是只有嘴上道謝。

後來他的事業成功之後，不僅主動聯絡我，表示「我想買保險，可以找你商量嗎？」，還接二連三地把其他成功的經營者也介紹給我，可以說是相當把我放在心上。

這實在是令我感到非常開心。我只不過是實現了「聚餐」這樣的「隨口約定」，卻托此之福讓他為我大舉行動。也就是說，靠著「隨口約定」，我對他而言竟產生了強大的「影響力」。

試圖「討對方歡心」，反而會變得「不誠實」

像是這樣「遵守約定」，就能為我們帶來龐大的力量。

因此最重要的是「不許下做不到的約定」。有時候為了想討對方歡心，我們可能會一個不小心就勉強自己答應「做不到的事情」，這樣實在很不好。

當然，既然對方期望你做這件事情，那麼不「答應」也會需要勇氣。然而如果做出「無法達成的約定」而使對方有所期待，卻又無法「遵守約定」的話，傷害只會更重。對方有多期待，「傷害」就會有多深刻。

另一方面，在拒絕「約定」時，或許對方臉上會出現不愉快的表情，但那不過就只是一瞬間的事情而已。不需要對於那種「不愉快的表情」有過度反應。因為「辦不到的事情」就是辦不到。

還不如製造別的機會，做出「能遵守的約定」，並且好好達成那個「約定」。這樣無論過去曾經發生過什麼事情，對方也會因為這樣轉而「信任」你。

所以最重要的就是不要勉強自己做出約定。

如果只是當場希望讓對方有「好臉色」，而硬是勉強做出「無法達成的約定」，那麼其實就是對於對方「不誠實」的表現。

與其做出那種事情，還不如確實執行「可以達成的約定」，這樣才是所

謂真正「誠實」的態度。就結果來說，只有真正貫徹「誠實」態度的人，才能得到「影響力」。

12

如何打造絕對不會受挫的「自信」

「正向思考」無法產生說服力

就算「裝作有自信」，也會被對方看穿

沒有「自信」的人，是無法發揮「影響力」的——。

我想所有人都會同意這點。從上司的立場來看，肯定不會有人對於簡報時毫無「自信」的部下提的企劃表示肯定；如果業務員在說明商品時，表現得畏畏縮縮，客戶肯定也不會買單。**沒有「自信」的人，是不可能會有「說服力」的。**

那麼，該如何才能夠有「自信」呢？

毫無疑問，當然是要做出「實際成績」。如果能在工作上展示出「實際成績」，想必在面對上司時，必定也能「自信滿滿」地進行彙報。讓客戶感到高興，順利提升「實際成績」的業務員，自然會有「自信」面對客戶。**用正確的方法來提升「實際成績」，自然就會逐漸變得「自信」。**

但是這裡存在一個困難點。

那就是所有人一開始都得從「毫無實際成績」的起點開始。也就是說，必須在無法擁有「自信」的狀態下，試圖打動上司和顧客，然後做出「實際成績」。

我想這應該是所有人在面臨全新挑戰時所需面對的問題吧。以我自己為例，在我剛從TBS轉職到保誠人壽的時候，畢竟是完全沒有業務經驗的菜鳥，所以作為一名業務員是完全沒有「自信」的。但若表現出自己毫無「自信」的模樣，客戶就不會把你當一回事。這樣的困境實在令人相當煩惱。

這時有些人就會走上錯誤道路。

也就是「裝成有自信的樣子」。

舉例來說，有些人根本沒有身為業務員的「自信」，卻在跟客戶往來時，擺出一副跟客戶很熟的樣子。

然而在我所見過的各式各樣的業務員當中，這種做法只會造成反效果。這樣看起來只會像是想要隱藏沒有「自信」而產生的「緊張」情緒，硬是想要表現出「習慣這種場合的樣子」而已。

嚴格來說，看起來就像**不想面對自己「沒有自信」這件事，所以打算偽裝自己。**人類在面對這種人時，除了直覺上會認為對方「不可信任」以外，也會留有「這個人感覺真沒禮貌」的印象。

所以最好不要「裝成有自信的樣子」。

以「真實的自我」面對他人會比較好。

說實在的，我認為略帶一點「緊張」反而比較容易讓對方抱有好感。這是因為**對方會認為你的「緊張」是一種「對於自己抱有敬意」的表現。**

當然，過度的「緊張」會造成對方也「緊張」起來，所以並不是好事。

不過，跟那種莫名奇妙裝熟的態度相比，有點緊張反而比較容易獲得對方的好感。為此你不能「裝成有自信的樣子」，而是乾脆直接表現出「真實的自我」會更好。

隨時隨地都能抬頭挺胸的人的秘密

話雖如此，也不是維持「真實的自我」就好。

就算沒有「實際成績」，「真實的自我」也還是得要有些「自信」才行。那麼應該要怎麼做才好呢？在思考這件事情的時候，我總是會想到一個人，那就是我在京大美式足球社時的一位同學。

他的身材非常嬌小，跑得也不是很快。由於身體能力在先天上並不具備優勢，所以他從一年級起就一直是候補球員。對於天生身材吃香，很早就成為先發球員的我來說，他絕對不是一個「對手」般的存在。

而且他也不是什麼個性非常開朗的人，所以跟我這種喜歡吵吵鬧鬧的人感情也不是特別好。但不知為何，我總是特別在意他。

明明大家總是將焦點放在先發選手身上，他又是個完全不顯眼的樸素存在，但他卻總是抬頭挺胸，完全沒有任何抱怨或者不滿，比任何人都遵守著嚴格的訓練。**就算大家都已經結束練習，他還是一個人滿身泥濘地默默做著基礎訓練。**

我一直覺得非常不可思議。

他又不是先發球員，也沒有身為選手的「實際成績」，為什麼還能那樣抬頭挺胸呢？為什麼他的身影總是充滿「自信」呢？

有天我忽然發現答案。因為他是真心喜歡美式足球，為了成為一位優秀的球員而用盡所有努力。所以我想**他肯定對於那個比任何人都還要努力的自己充滿「自信」。**他的「自信」並不受到他是先發或者候補球員的影響。正因如此，就算大家只關心先發球員們，他也還是毫不動搖、抬頭挺胸。

而且到了最後一年，也就是四年級時的重要比賽，他就真的晉升先發球員（而我因為受傷所以根本無法上場比賽），成為隊伍不可或缺的存在。但是他仍然完全不改過往的態度，沒有一副自己很了不起的樣子，還是跟以前一樣，持續做著嚴苛的訓練。

我看著他的背影，忍不住想著：「那傢伙還真帥氣啊！我輸的一敗塗地……」

嚴守「與自己的約定」

為何我會如此在意他呢？

事到如今我也明白理由。當時我雖然得到了身為先發球員的活躍機會，然而在心底深處，卻一直有著「顧忌」之心。

當然我也是有拚了命地在面對美式足球。然而就像我前面所說的，我並沒有相當「認真」。內心總是存著一種「唉呀，應該這樣就可以了吧！」的心態，沒有打算努力到超越自己極限的程度。而且我的內心深處相當明白這件事情，所以總是有種沒「自信」的感覺。

然而那位同學就算一直待在板凳上，也和身為先發球員的我不同，持續「認真的努力」。他也因為自己有像這樣持續努力的「事實」而產生無法動搖的「自信」。也就是說，他擁有的是我所沒有的東西。正因如此，我才會一直那麼在意他。

正如前面所述，我為了跨越這份「傷口」，才會辭去TBS的工作，跳槽到保誠人壽，當個「拉保險的」。也就是說，只要有「真正的努力」就能夠獲得「真正的自信」。

所以我為了以「拉保險的」獲得成績，盡可能徹底做到自己能夠做的所有努力。

我為了比其他業務員見到更多更多客戶，除了週末以外的時間都包著睡袋在公司過夜，將白天的時間全部用來與客戶面談，晚上回到公司後再開始整理提案表等文件業務，直到三更半夜。和客戶約定好的事情，無論多小我都會謹記遵守。絕對不能只是單純想賣保險，而是要貫徹自己提供對於客戶有用資訊的初衷……。我下定決心，要好好實踐這樣的行為模式。

這就是「與自己的約定」。

最重要的是無論如何都要遵守這個「和自己的約定」。就像那位同學過去所做的一樣，無論有多麼疲憊，也絕對要遵守「和自己的約定」。只要掌握住這個無法動搖的「事實」，就可以獲得相信自己的「自信」。而且持續那樣的努力，相信總有一天「實際成績」也會隨之降臨。

只要有著已經努力過的「事實」，就能打造出絕對不會受挫的「自信」

這個做法為我帶來一個相當大的成效。

那就是讓我的精神變得穩定許多。和客戶見面時會感到「緊張」；如果持續遇到被拒絕的情況也會感到「不安」。即使如此，只要有著「我已經盡我所能，做到所有能做的事」這個「事實」，就能夠讓心靈感到平穩。心靈安定，就能將心思１００％集中在眼前的客戶上。

我所尊敬的柔道家野村忠宏先生也說過這樣的故事。

就算是像他這樣拿了三屆奧運金牌的選手，在比賽前似乎也還是會非常緊張。

這種時候，他就會到可以獨處的地方，然後好好面對鏡子裡的自己。同時回想**每次為了獲得金牌，他毫不妥協所付出的努力、一路走來所經歷的那些「事實」。如此一來，他就能感到心情平靜、有所覺悟，面對比賽的集中力也有所提升。**

聽聞他這一席話，小人不才也深有同感。

就連野村先生這樣擁有「實際成績」的選手，能夠支撐他的內心的，依然是「該做的事情都做了」這個事實。對於這點我實在感動萬分。「事實」不會說謊，因此無論心情有多麼不穩定，也還是能夠相信「事實」。

我不相信什麼「正向思考」。就算在心中鼓勵自己「肯定會贏」、「一定會順利的」、「要有自信」等等，為自己加油打氣、增添勇氣，心中也不會真的接受這些說法。

不是這樣。**重要的是「該做的事情都做了」、「一直都有遵守和自己的約定」這個「事實」。只要這個「事實」沒有動搖，心靈就能夠有所依靠。我想這就是所謂的「自信」。**

面對比賽時野村選手的樣子，看起來充滿了「自信」。

而支持那份「自信」的基礎，正是毫無謊言、一路努力走來的「事實」。

這不僅僅適用於奧運選手，也是所有人類共通的道理。無論有沒有「實際成績」，只要貫徹「該做的事情全部都做了」、「始終遵守與自己的約定」，那麼自然而然就會散發出「自信」。而那份「自信」對於周遭的人來說，就會是一種「說服力」。

13

引導對方說出「想說的話」

想抓住對方心思，並不需要靠「話術」

如果想要磨練交談技巧，就必須先捨棄「自負」

進行對話時，「聆聽」比「述說」更為重要——。

就像我在「前言」當中所提到的，這件事情對於打造「影響力」來說也是極為重要的要點。

找出對方內心「希望能夠告訴某個人」的話題，用心傾聽對方想說的事情，對話氣氛自然就能變得融洽。而且若是**持續聊到對方覺得滿足，那麼他就會抱持著感謝的心情，想著「要回報點什麼」**。這個時候，你對他而言就會產生小小的「影響力」。

為了實踐這樣的對話，我們應該怎麼做呢？

首先最重要的是要捨棄「邪念」。以我個人為例，身為一個業務員，和顧客見面時，心中無論如何都很容易抱持著「想賣保單給他」、「得和對方簽約才行」這類邪念。

說起來其實也是理所當然的，沒有客戶會在跟抱有這種「邪念」的人聊天時覺得開心。所以要盡可能地捨去「邪念」（雖然要100%拋棄實在非常困難……）。**總之，就是要把意識集中在一起度過一段快樂的時光上。**

如果能夠打造出一段這樣的時光，對方在潛意識裡就會浮現出「和金澤在一起很開心、內心變得正面積極」之類的情感。最重要的是，抱持著覺得只要有做到這點就算是成功一半的想法。

另外，最好也要捨棄「自負」。

所謂必需**捨棄的「自負」，就是以自己的「話術」來讓對方感到開心、炒熱對話氣氛等等想法。**大概只有一流的藝人能做到那樣技巧高超的事，凡人是無法辦到的。比起這個，更重要的是集中精神，讓對方能在心情放鬆的前提下進行談話。

為此，**不能把自己「想表達」的事情當成話題，而是要找到對方「想說」的話題**才行。

當然，絕對不能沒禮貌地直接「詢問」、「挖掘」對方的心思。絕對不能那麼做，而是要先主動拋出比較無關緊要的話題，享受對話時拋接球的樂趣，然後再從家人、孩子、出身地、運動、興趣等等，各種廣泛而淺顯的「面向」來推展話題，尋找能夠觸動對方心弦的主題。

以「面向」進行交談，找出對方在意的「點」

這種時候最重要的是「觀察」。

要在看似漫不經心的情況下，**「觀察」對方下意識的反應。**

每個人對同個話題的反應都不盡相同。如果是對自己來說非常重要的話題，有些人的聲調會變得高亢、有些人的眼神會變得銳利、有些人只是稍微動動眉毛，也有些人會忍不住起身。我會把對方整個人當成一張「畫紙」，留心上頭發生了什麼樣的「變化」。

這有點像是在玩「大家來找碴」。

就是把兩張很相似的圖放在一起，然後問你「有哪裡不一樣？」的遊戲，以這個為訣竅來找出對方的「變化」。

最重要的是，對方的反應必須是下意識的。

正因為是下意識的反應，所以才能表現出那是對方的「真心」、「真意」。

這也有點像是醫師使用「觸診」的方式來診斷患者。由於患者並不清楚知道自己身體哪裡有問題，所以要靠醫師一邊觸診，一邊尋找患者「會痛的地方」，然後根據情況來分析症狀和病因。

就跟這個手法一樣，**看清楚在接觸到什麼話題時，對方會有比較特別的反應，藉此找出對方在潛意識中感到煩惱的課題或問題，又或者是內心深處的願望**等等。

像這樣從各種「面向」來推展話題，如果能夠找到讓對方出現下意識反應的「點」，那麼接下來就只要從那個「點」向下挖掘。若是能夠貼近對方的「感情」和「想法」並側耳傾聽，對方自然也會對你敞開心房。

徹底貼近對方的「情感」

舉例來說，我曾經歷過這樣的事情。

作為保險業務活動的一環，我和朋友介紹給我認識的一位31歲單身男性見了面。

在互相打了招呼、稍微聊了兩句之後，我就很清楚發現對方是基於「人情義務」才會願意和我見面，實際上他對於「保險」沒有一絲一毫的興趣。畢竟已經知道自己「沒有機會」，所以我很快就決定只以和對方打好關係為目標，跟平常一樣開始以各種「面向」推展話題。

沒想到在話題轉向「家庭」時，卻忽然產生了變化。

我先簡單說明自己的「家庭」當作導言，包括爸媽在我大學時事業失敗、宣告破產，所以幾乎沒有什麼養老用的積蓄等等。

同時我也告訴他：「我自己原先也對於保險根本沒有興趣，不過後來因為很擔心要是我發生了什麼事情，就沒有其他人可以照顧年邁爸媽，所以才會決定加入保險。」聽到這裡，他的表情明顯出現變化。**先前的他根本可以說是面無表情，這時候眼睛裡卻突然湧現光芒。**

而我也直覺了解到一件事情。

這個人肯定也是為了家庭的事情煩心不已。

所以我又繼續深入說下去。

「我爸媽是高中都沒讀完的地方小混混，對於學習相當不在行。因為看不懂英文，去唱卡拉ＯＫ的時候，英文歌詞完全是照著上面的片假名拼音在唱。但是我爸媽還是拚了命地努力將我拉拔長大，還把我送進大學。我非常感謝也很尊敬他們，所以我真的希望能夠好好守護他們。」

結果對方沉默了好一會兒，然後終於開口說道：「其實……」

原來他的弟弟患有身心障礙，所以他從小就很照顧弟弟。然而他為了就業而來到東京，留下逐漸年邁的父母在鄉下老家和弟弟一起生活。雖然可以不斷送錢回去支撐他們的生活，但他也很擔心自己若是有個萬一，實在不知道弟弟該怎麼辦才好……。

他的每一句話都深深打進我的心裡。愛家人的這份心意，大家都是一樣的。我深有同感地聆聽著，而他也把內心的「不安」與「擔心」一股腦兒都傾訴而出。

尊重對方的「信念」

在好好傾聽過對方的「想法」以後，我總是會思考一件事情。那就是「對方的信念是什麼？」。以這位先生來說，他的信念相當明顯。就是即使犧牲自己也要保護弟弟、拚盡全力守護家人。他肯定是從小就一直貫徹著這個「信念」。這麼一想，我內心很自然地就對他充滿了敬意。

所以我也這麼告訴他。

「一直以來，您都為了保護弟弟而非常努力吧！我打從心底尊敬著這樣的您。」

這句話讓對方的眼眶稍微泛淚。可能我的眼淚也在眼眶中打轉著吧。當時的對話就是這樣深刻地撼動了我們的心靈。雖然那天是第一次見面，我們卻不像「客戶與業務員」的關係。我覺得我們就像是同樣以「守護家庭」為目標的同志。

這就是對話的力量。

像這樣好好聆聽對方的「想法」，如果能夠接觸到對方的「信念」，那麼就算是第一次見面的人，也能夠營造出有如同志般的關係。

若能好好承受對方一直以來無法開口告訴他人的「不安」與「擔心」，然後對於對方一路走來，支撐著自己的「信念」表示同感的話，對方自然也會對我們抱持感謝。同時對方也不會再把我看成單純的「業務員」，而是願意好好地把我當成一個「人」來對待。

之後這位先生除了為他的弟弟加入保險之外，也為自己簽約，同時還介紹了幾位朋友給我。不僅如此，在此之後我們也持續以朋友身分往來。

當然，我是以業務員身分認識他的，但是那時我們的對話卻已經超越了業務員與客戶的關係，而是雙方作為人類，打從心底感同身受、互相聆聽。雖然我們才第一次見面，卻已經掌握住建立深刻人際關係的契機。

徹底貼近對方的「情感」。
接觸對方的「信念」。
這才是真正的「傾聽」。而且只要能夠**誠心誠意地「傾聽」，就可以打造出強大的「影響力」。**

14

比「誇獎」更重要的事

「透過誇獎促使對方行動」這種思考方式完全錯誤的原因

「透過誇獎促使對方行動」是有可能做到的嗎？

透過誇獎來促使對方行動——。

我想應該有很多人在某處讀過這樣的建議。

確實不管是誰，只要被誇獎都會很開心，所以自然而然也會想要回報那個誇獎自己的人。在《The Little Book of Yes》（Professor Robert B. Cialdini, Noah Goldstein, Steve Martin 等人著）一書當中也曾提到：「某個研究指出，在受到某位同事誇獎以後，若是該同事拜託你幫忙某些事，通常我們都會給予善意回應。」

然而我**不太推薦大家「為了讓對方行動而誇獎對方」**。

我不會說這麼做「沒有效果」，然而只要心中想著「為了要讓對方行動」，那麼就只能獲得「短期效果」，而且還很容易產生「不良的副作用」。

尤其是像職場的人際關係這樣，如果必須每天與對方見面、建立長期關係，那麼我認為這樣大多只會招致損害自身「影響力」的結果。

舉例來說，假設有個「奉承部下，好讓對方為自己方便時所用的上司」。當然，那個上司肯定隱瞞了他的真心，假裝是以非常純粹的心情在「誇獎」部下；與此同時，任誰聽到上司誇獎都會自然浮現開心的情緒，所以也會想要好好回應上司的請求和委託。

不過這種情況並不會長久持續下去。就像有人說：**「上司要花3年才能理解部下，然而部下只需要3天就能看穿上司」**，部下可是非常仔細地在觀察離自己最近的權力之人——上司的一言一行。透過一點點的小動作、日常的舉手投足，部下都能敏銳地感受到上司的真心。

所以根本無法隱瞞到底。

無論上司多麼努力地想要「演出」真心誇獎的模樣，部下還是會看穿那個「面具」。同時從此再也不會打從心底相信那位「奉承自己、想利用自己的上司」所說的話。也就是說，那位上司的「影響力」自然就被削弱了。

如果只是想討對方歡心，反而會受到周遭的「輕視侮蔑」

又或者我們來思考一下相反的情況。

公司裡面還有可能會有那種總是說些討上司歡心的話，想著藉此討點便宜的部下存在。如果是敏銳的上司，很可能會察覺這點而有所警戒；不過就像剛才所說的，「上司要花3年才能理解部下」，顯然上司都是比較遲鈍的。所以如果部下「演技」較佳，或許就能成功讓上司採取行動。

然而周圍的人卻可以冷靜地觀賞這場「鬧劇」。

除了**因此輕視為了討對方歡心而去誇獎對方的人（部下），那個就這樣**

遭受矇騙，感到「愉悅」的人物（上司）也同樣會遭到輕視。也就是說，就算那位上司和部下的封閉性關係進展地還算順利，兩個人也會被周遭的其他人輕視，結果導致雙方在職場上的「影響力」都因此受損。

所以我否定「為了讓對方行動而誇獎他」這種行為。**人類其實並沒有那麼高明，只要有「讓對方行動」這種隱藏的動機存在，那麼就肯定會被其他人所看透。**結果導致自己口中所說出的「誇獎」反而對對方造成傷害，或是讓對方感到不愉快，甚至遭到周圍其他人的輕蔑。

最重要的是單純地把「誇獎」這件事情放在心上。

如果將焦點放在對方的「缺點」或者「失敗」等方面，就不可能和對方建立出良好關係，而且和這種人往來應該也相當痛苦吧。

所以更應該將目光擺在對方的「優點」和「成功」等正向方面，與對方保持良好關係，如此一來，人生肯定也會過得比較開心。為了追求這種愉悅感，只要記得純粹地去「誇獎」就好。**如果能夠建構這種快樂的人際關係，**

那麼我們自然也就會具備所謂的「影響力」。

比起「誇獎」，「觀察」事實更為重要

不過，「誇獎」出乎意料地是件難事。

就算覺得「這個很好」而打算誇獎對方，也可能反而讓對方覺得不高興，或者傷害到對方。最近我也重新體認到這件事情，那是發生在我和職業棒球傳奇選手A先生一起去打高爾夫球的時候。

A先生非常不喜歡輸給別人，面對高爾夫球也相當認真。我一直目不轉睛地看著為了第一杆而擺出練習動作的A先生。在確定姿勢以後，他大大舉杆、相當俐落地揮了出去。「砰！」，四下響徹讓人感到舒適的擊球聲，球也氣勢十足地飛了出去。

我馬上喊了聲：「好球！」

為了在打高爾夫球時營造出和樂的氣氛，不管是誰擊球，只要不是明顯有什麼失誤，我一定都會刻意出聲高喊：「好球！」當時從我站的位置看起來是顆「好球」，所以我毫不猶豫地就喊了出聲。

然而A先生卻一臉失望地瞥了我一眼。

我馬上就知道理由何在。那顆球在我喊出聲後，劃了個大大的圓弧跌進樹叢。

A先生肯定是在打到球的瞬間就冒出「糟了！」的想法，然而我根本沒有確認球的去向，就高喊「好球！」。如果是我自己站在A先生的立場，肯定也會相當生氣。「根本只是隨便講講，這傢伙嘴上說什麼『好球』，其實就是想著反正只要有誇獎對方就好吧！」，忍不住冒出這類會讓人不高興的想法，這完全是人之常情。

所以我老實地向A先生道歉：「真是抱歉。因為擊球時所發出的聲響聽起來很不錯，所以我忍不住先喊了『好球』。我應該要看清球的去向以後再喊的。」A先生則是微微一笑回我：「沒關係啦，不用在意！」這才終於讓我鬆了口氣。

這真的只是件小事。

但卻讓我重新意識到這個問題。

「誇獎」並不是件簡單的事情。就算我是真心打算「誇獎」對方，對於對方來說也可能會覺得是種侮辱，而這才是現實。

為了避免這種情況發生，最重要的就是好好觀察對方的言行舉止，正確掌握「事實」。同時以自己的腦袋去做判斷，確認那件事情是否為「值得誇獎的事」。

換句話說，為了建構與對方之間的信任關係，本質上最重要的並不是「誇獎」，而是先好好觀察「事實」，判斷那個「事實」的價值。然後只在判斷出「值得誇獎」的時候才做出「誇獎」。只有誠實地實踐這個流程，才能夠與對方建立信任關係，也才能夠打造出「影響力」。

「隨便誇獎的話語」反而會降低自己在別人眼中的信用。

尤其是像A先生這種被認定為一流之人的人，相對地最討厭「隨便誇獎的話語」，畢竟這個世界上有許多人想用「隨便誇獎的話語」來討他們歡心。對於那種**可疑的「誇獎話語」，一流之人只會覺得更加厭煩。**

正因如此，我們最好不要對於「誇獎」這件事情意識過剩。更重要的是必須掌握「事實」，然後用自己的價值觀去判斷是否「誇獎」。

15

將「逆風」轉為「順風」的方法

對方生氣時反而是「絕佳時機」

以對方的「怒氣」作為基礎，加深彼此「關係性」的方法

惹怒對方——。

大概沒有比這更加削減自身「影響力」的行為了吧。

這是理所當然的。若是自己的不當行為先惹怒了對方，之後不管想拜託什麼事情，對方應該都不可能會點頭答應。如果想讓「影響力」波及某個人，那麼絕對要避免惹對方生氣。

但是，我在**惹怒對方時，會盡可能想成是「機會降臨」**。當然，如果是因為我做了相當沒有誠意的事情而惹怒對方，那麼是不可能獲得原諒的。不過有時候不管多麼誠實地面對工作，還是有可能會不小心使對方生氣，或者讓人感到煩躁。

這種時候如果態度扭扭捏捏，只會一事無成。重要的是應該**以那份「怒氣」為基礎，試圖以此作為加深與對方關係的「機會」，積極回應對方。**

以下介紹一個讓我學習到這件事情的故事，這是發生在一位TBS前輩身上的事。

那位前輩是在我剛起步成為導演時，坐在我隔壁辦公桌的人。他是位非常優秀的前輩，不管是在電話溝通、稟報上司、節目管理等方面，所有事情都非常值得我學習的人物。

但是有一天，那位前輩惹怒了一個非常重要的人物。對方是我們正在進行的企劃裡絕對不可欠缺的角色，而這個企劃的重要程度可以說是賭上了公司的命運。

當時TBS正全力推動該企劃，前輩在其中負責轉播節目，卻因為一些小事情而傷害了某位具有權勢的健身房會長的顏面，惹得他相當不高興，導致比賽的轉播權陷入危機。

情況相當危急。畢竟這可是賭上公司未來的企劃，因此公司內部也有許多人出聲責備前輩。然而**前輩絲毫沒有亂了腳步，也完全沒有任何的抱怨或是不滿，反而是在問題發生之後，每天都為了謝罪而前去健身房拜訪。**

後來我才知道，一開始他當然是被對方掃地出門，就算從早到晚都站在健身房前，那位會長還是完全無視他的存在。即使如此，前輩仍然每天一大早就到健身房報到。

某天，當他在傾盆豪雨中，依然堅持站在健身房前時，那位會長終於開口說道：「你進來吧。」讓前輩進到健身房裡。**或許可以說是「雨後天晴」，這位會長不僅接受了前輩的「謝罪」，甚至因此變得更加信任他。**幾個月後，TBS順利播出那場受到全日本矚目的比賽。

真心誠意地「謝罪」，正是打造「影響力」的武器

當時到底發生了什麼事？

我的分析如下。前輩恐怕是認為除此之外，沒有其他條「路」可走，所以乾脆就把謝罪之情全部都以「形式」展現出來。因此就算下雨他也毫不在乎，為了謝罪，不畏風雨天天前往健身房報到。

然而在會長的眼中，這應該是相當難以承受的。

當然，如果只是來道歉個一兩次，他的怒氣是不可能消散的。曾經高舉的拳頭很難輕易放下，這是人類的普遍心理，所以他當然也不可能輕易原諒前輩。

話雖如此，其實問題的開端真的只是雞毛蒜皮的小事而已。即便只是這樣，眼前的人還是深刻反省，為了謝罪而每天從早到晚都站在健身房前，這樣的舉動無論是誰，「怒氣」肯定都會逐漸消散。

更進一步分析，**要讓「怒氣」持續下去其實也需要耗費相當多的能量，而且一直不肯「原諒」對方的話，也會被人質疑自己的度量狹小。**我猜會長內心搞不好也有「拜託你饒了我吧」的想法。

而且**看見前輩站在豪雨當中，潛意識裡可能也會浮現出「罪惡感」等情緒**，忍不住跟他說「你進來吧」。在我看來，應該可以說是上演了一齣心理連續劇的劇碼。

換句話說，雖然前輩心中可能沒有這個打算，不過惹怒賭上公司未來企劃的關鍵人士，等於在會長這個太歲頭上動了土，在這種絕望的狀況下，他把「謝罪」當成了武器。

而且還是每天從早到晚、無論刮風下雨都站在健身房前，也就是做出「徹頭徹尾的謝罪」。這個行為可以說是煽動了會長潛意識中的「罪惡感」，讓會長不得不採取「原諒他」的行動。

雖然在觸怒會長的當下，前輩對於會長的「影響力」已經扣到零分以下；但前輩以「謝罪」作為武器，使自己擁有比過去更強大的「影響力」，最後成功獲得會長對於活動的協助，甚至自此之後，前輩與會長之間仍然維持著強大的連結。

只要轉個方向，「逆風」也能變成「順風」

當然，這只是我的分析而已。

而且像是這種問題，通常關鍵在於「對方」，也就是並非所有事例中，「謝罪」都能夠產生這樣的功效。

然而，若是以工作上的一些小錯誤或者雙方心思分歧而惹怒對方的情況來說，通常誠意十足的「謝罪」都能加深與對方之間的關係。

如果站在接受謝罪的立場來思考，我想就很容易能夠明白這點。最近，我越來越常收到不認識的人的請求。包括「是否能夠介紹某某人給我？」、「可以指導我業務方面的事情嗎？」、「能否邀請您進行演講？」等等，而在回應這些請求時，偶爾就會發生因為對方的不當行為而必需接受他們的謝罪的情況。

這種時候，如果對方還找些理由，或者試圖含糊帶過，那就完全不行。我肯定會因此對那個人抱持「不信任感」。然而若是對方**沒有找任何藉口，只是老老實實地謝罪，表現出盡全力想要彌補這件事情的態度，那麼反而會讓我對那個人的「好感」、「親近感」、「信任感」都有所提升。**

甚至可以說正是因為這些小小摩擦，反而更能接觸到對方的「本性」。**比起在風平浪靜的情況下往來，一起歷經過風雨的人反而能夠患難見真情**（當然也有可能因此造成關係崩毀就是了……）。從這方面來看，危機是種「機會」，而「謝罪」能夠成為打造影響力的「武器」。

又或者我們也可以這麼說。

在面臨「逆風」時，只要把自己的身體轉個180度，那麼「逆風」也會瞬間變「順風」。

有時候我們會試圖想要改變「風向」——也就是改變對方的「感受」、「想法」——抱著這樣不好的心態是不會成功的。要改變對方實在是件難事。

重要的是抱持真心誠意謝罪，也就是改變自己的方向。對方的怒氣越是強烈，「逆風」就越是強烈，然而若能改變身體方向，就會吹來同等強度的「順風」。比起「無風無雨」的時候，「風起」時更能讓事情有所進展。

16

盡可能地「狐假虎威」

但是切忌「迷失自我」，否則反而會失去一切

能夠假借的「虎威」，就應該盡可能地發揮

狐假虎威——。

這句話一般都被當成負面的形容，不過我認為在思考「影響力」的時候，應該要將這句話視作正面使用。

在自己的「影響力」還不足時，如果不去借用其他人的「影響力」，就無法好好促使人或組織行動。如果想要完成一件有價值的工作，那麼最好還是要將「能借用的『虎威』全部用上」，把這個觀念謹記在心。

假設你必須拜託公司其他部門的人處理不太尋常的業務。

這種時候，若是一個「新人」單槍匹馬地跑去其他部門，顯然光是在說明事情時就需要經過一番苦戰。比起擔心自己是否能夠說明完善，更關鍵的是自己作為「新人」的身分能否獲得其他人充分的「信任」。

這個時候，最重要的就是借用上司的「影響力」。

畢竟上司已經獲得其他部門人員一定程度的「信任」，所以在前往其他部門說明時，可以請上司陪同；又或者添上一句「我的上司已經明白這個情況」之類的話。光是這樣，其他部門的反應就會明顯有所不同。

可能會因為「既然那位上司說OK的話，那應該沒問題吧」而感到安心；也有可能想著「如果那位上司都表示認可了，我這邊說NO可能會有麻煩」。無論如何，**假借上司的「虎威」，事情肯定會進行的比較順利。**

我身為業務員，也經常會「狐假虎威」。

舉例來說，如果已經與我建立信任關係的客戶介紹了他的朋友給我，那麼我在寫郵件給那位朋友打招呼時，一定會同時傳副本給將他介紹給我的那位客戶，並且在郵件中提及「〇〇先生將您介紹給我，敝姓金澤」。

這樣一來，就能夠借用介紹對方給我的那位客戶的「影響力」。收到郵件的那位朋友，或許會想著「既然是那個人介紹的業務員，應該可以信任吧」；又或者是覺得「要是隨便回絕這個業務，可能會讓我跟那個人的關係也有所惡化……」無論如何，**透過假借客戶的「虎威」，讓我和新客戶聯繫上的機率提高。**

所謂的「工作」，就是活用社長和公司的「影響力」來打造出價值

雖然這只是單純的一個舉例，不過我認為像這樣把「影響力」放在心上，「狐假虎威」，對於商務人士在推動工作時來說，可以說是不可或缺的技能。

從這個角度來看，**就職其實就是進入那間公司和社長等人的「影響力」的庇護之下。**正是因為有這樣的「影響力」作為背景，所以對公司以外的人來說，即使面對的是左右不分的新進員工，也會把對方當成是個獨立的社會人士。

如果是不屬於任何一個組織，也沒有任何後盾的年輕人說出「希望能和您見個面」等話，那麼我想根本不會有人搭理。年輕人要在這個社會當中獲得某種地位，就只能借用來自其他人的「影響力」。

所以我們理所當然地必須積極地「狐假虎威」。

甚至可以說**從公司和社長等人的立場來看，他們更希望有能夠巧妙使用公司的「影響力」，打造出更有魅力的工作、將價值回饋給公司的那種員工。**重要的是「巧妙地『狐假虎威』的技術」。

「狐假虎威」而身敗名裂的人所忘記的事情

那麼怎樣才是「巧妙地『狐假虎威』」呢？

想讓具備「影響力」的組織或人物成為自己的夥伴，有各式各樣的技巧和方法。以下我將為大家說明的是絕對不可或缺、最為重要的重點。

如果少了這點，那麼就算乍看之下因為巧妙借用「虎威」而獲得了豐碩成果，遲早有一天也會承受相對嚴重的「反噬」。視情況甚至有可能讓人身敗名裂，這點就是這麼重要。

那是什麼呢？

或許有點讓人跌破眼鏡，但其實就是「感謝」。

絕對不能忘記「感謝」那些借了你「虎威」的組織或人物。

這聽起來非常理所當然。假設你拜託誰介紹了他努力培養出來的人脈給你，但之後你卻沒有跟他報告後續，也沒有回報任何感謝的話語，那麼任何人都會因此感到不快，而且對方肯定不會想再回應你的任何請求。以人類的心理來說，這是相當合理的情況。

然而站在相反的立場來說，人類其實就是很容易忘記要「感謝」這件事。以剛才的例子來說，原先是請別人介紹給自己的人脈，但是久而久之因為成功與那個人建立起人際關係，很多人就會因此認為這本來就是「自己的人脈」。

明明為了建構雙方的關係，介紹者應該費了不少功夫，大家卻很容易會只想著「這是我自己建立出來的人脈」。這是因為**人類心理有著產生「錯覺」的陷阱運作機制**，而且一旦踩入這個陷阱，就很容易招致相當沉痛的「反噬」。

忘卻「感恩的心」時，一切都將天崩地裂

每次思考這件事情時，我總會想到某個人。

那是在電視業界非常有名的某電視台前製作人。我自己並沒有見過他，但是他企劃製作了好幾個傳說等級的節目，是個風靡一世的傑出製作人，我非常憧憬他。

他應該是個「手腕高明之人」，但是後來卻落入谷底。他失去了節目製作人的工作，更令人驚訝的是，他後來甚至被迫宣告破產。

到底發生了什麼事情？

原來他在還是電視台員工時，就持續地把他身為製作人，企劃製作的大受歡迎的節目的各種相關權利，全部都放到自己設立的公司名下。

之後他因為跟電視台鬧翻而選擇離職，但因為經手的都是大受歡迎的節目，所以電視台也想繼續經營。這樣一來，無論電視台跟他本人的關係有多麼糟糕，都還是得去拜託他的公司。所以即使是在離職之後，有好一段時間他還是以當紅活躍的製作人身分大肆誇耀權勢。

然而好景不常，受歡迎的節目終究也會迎來走下坡的一天。對電視台來說，他逐漸失去了存在價值。更何況還有那麼多年輕又有才能的製作人持續入行，電視台根本不用特別再去委託他任何工作，最終導致他墜入谷底。

我覺得這個故事實在非常可怕。

他絕對是個富有能力的人，非常具有創造力、有行動力、也具備統帥能力。然而光是這樣是不可能建立起那麼多美妙的業績的。之所以能夠有所成就，是因為他是電視台的員工，如果褪去這個身分，他根本不可能擁有這些成績。

無論有多麼厲害的創意，如果他不是電視台的員工、手上沒有那麼多預算的話，根本不可能找到適合的參與者，也不可能在製作後播出。

然而正是因為他覺得「這些都是我做的」、「全部都是我的功勞」、「沒有我的話，根本沒人能做出這個節目」，所以他才會跟電視台鬧翻，最後甚至失去一切。

這實在是太過令人惋惜了。

他假借了電視台這個巨大的「虎威」＝「影響力」，才得以獲取相當大的成就。如果能夠心懷些許「感謝」的話，想來事情也不至於走到這個地步。而他的「才能」應該也更能夠為此世間活用才對。

當然，只要在組織當中工作，一定會有些不如意之事，或者無可避免地感受到壓力。我想他大概是覺得「我明明做出這麼多成績，對公司有所貢獻啊……」，這種心情我也相當理解。

然而就算這樣，只要能夠在組織裡面工作，就應該要有「感恩的心」。**因為我們的工作是借用了組織和同事們的「影響力」才能完成的。**如果失去感恩之心，一切都會毀滅。

「狐假虎威」並沒有問題。

甚至應該說最好盡量借，然後打造出「價值」。

但是絕對**不可以把借來的「虎威」誤以為是「自己的力量」。**當你忘了要對自己借來的「虎威」抱持「感恩的心」時，一切都將走上毀滅的道路。

第4章

建立與「具備影響力之人」的連結

17

打造任誰都會眼睛為之一亮的「實戰成績」

「實戰成績」正是「影響力」湧現的最大泉源

憑藉「實戰成績」，掌握真正的「影響力」

任誰都會眼睛為之一亮的「實戰成績」——。

想讓「影響力」增強，沒有比這更重要的事情。

比方說要指導棒球少年隊打擊的基本動作，由傳說中的大谷翔平選手來教跟由我來教，對於少年們的學習意願來說，「影響力」可是有著天壤之別。

這不需要多說明什麼，當然是因為我們在棒球上的實戰成績有著無法填補的落差存在。我在小學、國中和高中都有在打棒球，所以可以教導他們正確的打擊理論，然而無論我教的內容有多麼正確，我的實戰成績根本不可能打動少年們的潛意識。在大谷選手的成績（以及有著成績背書的知名度）面前，我的「指導」是相當無力的，而這正是所謂「影響力」的力量。

這在職場上也是一樣的。

舉例來說，無論當事者腦袋有多麼清晰，沒有實戰成績的新進員工的發言就是沒有力量。相反的，已經有一定成績的上司或者前輩，就算是說出脫離本質的言論，部下和晚輩要無視或者做出反駁也不是件簡單的事情。雖然這種現象相當不合理，但畢竟「影響力」產生了作用，因此可以說是人類社會當中經常發生的事。

正因如此，我認為就算面臨這種狀況，**為了要能夠推開那些不合理的發言、貫徹自己的主張，就應該要做出讓周圍的人眼睛為之一亮的「實戰成績」，讓自己具備「影響力」才行。**我認為要先做到這點，才能說是展開「自己的人生」。

不過，所有人剛開始都是站在「零影響力」這個起點上的。然而，我們還是必須找到能夠成為自己夥伴的人，得到對方的支持，然後讓那個人把力量借給我們，逐步累積自己的「實戰成績」。

所以，正如同本書一路寫來，我為了讓客戶的潛意識產生作用、為了打動對方而花費了不少功夫與努力。在這些技巧的相互作用之下，相較於其他競爭對手，我見過更多客戶，成功在進入保誠人壽的第一年就拿下個人保險部門日本第一的成績。作為一名「拉保險的」，我成功地締造出所有人都會眼睛為之一亮的「實戰成績」。

當「影響力」到手時，別忘記「危機」隱藏在後

這個「實戰成績」讓我的周遭環境瞬間產生轉變。

我從保誠人壽公司手上接過創業者冠名的「德萊登獎」，同時得到可以在許多高明業務員面前發表獲獎感言的榮譽。

明明幾個月前，我還在想著「這樣下去，我作為一個業務員就要完蛋了……」，壓力大到讓我作嘔。這樣的過往簡直就像是場謊言般，忽然變成有人會向我求教，「請告訴大家金澤先生您的業務手法」——也就是說，我成功地成為能夠對公司及業界產生「影響力」的存在。

這套運作模式不僅適用於公司裡和業界內。

就連面對客戶，我也更容易發揮「影響力」。

與第一次見面的客戶碰面時，相較於身分為「保誠人壽業務員」，打著「保誠人壽的日本第一業務員」的名號時，對方的反應當然也完全不同。

我曾經遇過這樣的事情。在我剛成為業務沒多久時，有個人看我遞出保誠人壽的名片，馬上碎念：「搞什麼啊！居然是保誠……」後來在我成為日本第一之後，再次與他見面時，他的態度馬上有了180度的大轉變，說道：「唉呀！第一年就成為日本第一，真的很厲害呢！」說老實話，我內心是不太舒服的。不過在那個瞬間，我也感受到「實戰成績」對於「影響力」有多大的增強效果。

可是當時的我其實也相當不安。

因為我很害怕第二年若是沒能拿到好成績，就等於只是「風靡一時」。我的內心深處恐怕是還沒有具備身為業務員該有的「自信」。由於周遭的業務員都對我百般吹捧，所以我非常害怕會陷入「怠惰」，因此盡可能地想要抽離自己身為「保險業務員」的身分。

同時我也繼續過我的「睡袋生活」，雖然有人跟我說：「你都已經成為日本第一了，應該夠了吧？」但我還是告訴自己，正因為我已經是成為日本第一，所以才更應該要持續下去。要是這時候有所「怠惰」，那場面可是會變得相當難看。我認為這種時候才更應該繼續「腳踏實地」跨步前進，這樣才是帥氣的生存方式。

現在回想起來，這個判斷可說是相當正確。

提升「實戰成績」以後，「影響力」就會猶如戲劇化般增強。周遭的人也會開始吹捧你，讓你置身於相當舒適的環境當中。

但這樣其實很危險。如果過於怠慢，導致無法繼續提升「實戰成績」的話，終究會喪失「影響力」。又或者是**靠著已經到手的「影響力」往上爬，做出得意忘形的事情，那麼總有一天也可能會遭受來自周圍的人的反噬。**我認為這是在得到「影響力」時，必須要充分注意的事情。

被那些比自己「強悍」、「厲害」的人震懾

那麼應該怎麼做才好呢？不要和那些會吹捧自己的人往來，而是**活用到手的「影響力」，盡可能去接近那些比自己「強悍」、「高明」的人。**我想這才是將「實戰成績」活用到最大極限的方法。

下面介紹一個我自己的小故事。

我在保誠人壽的第二年，因緣際會之下認識了一位相當有活力的伯母，她邀請我去參加關西財經界人士們的聚會活動。那個活動最吸引人的，是某

位幾乎全日本都認識的大企業創業家社長的演講。演講結束以後，大家為了和那位社長交換名片而大排長龍，我和伯母也在隊伍裡面。

好不容易輪到我們，伯母明明也是第一次和那位社長見面，卻相當熟稔地向對方介紹我：「這孩子過去曾在京大踢美式足球，畢業後進到TBS。辭掉那份工作後成為拉保險的，現在當上了日本第一呢！」結果那位社長居然眼睛閃閃發光地問我：「唉呀！這樣啊！你怎麼會辭掉TBS的工作呢？」、「然後馬上就成為日本第一了嗎？欸！聽起來真有趣啊！」

在交換名片時絕對不可以大聊特聊，所以我盡可能地簡短回答，然後打斷話題並表示：「今天能見到您真是太榮幸了。」沒想到社長居然說：「下次一起吃個飯，到時候再好好聊聊吧！」

我也刻意調皮地回答：「真的嗎？我好想造訪看看財經界大人物們會去的高級日本料理店！」結果社長居然也說：「好啊！我下次帶你去吧！」

當然，我內心知道這肯定只是社交時的場面話而已，不過社長這樣的反應實在很棒。我心想：「這樣或許他會記得我吧」，於是回到東京後馬上動手寫了一封信告訴社長：「我是抱持這樣那樣的想法，努力活到現在的。」同時厚著臉皮拜託道：「您說過可以帶我去高級日本餐廳，還請務必履約喔！」

鑽石只能靠鑽石來研磨

其實我內心是「半信半疑」的。

不過所有事情都要做了才知道。

幾天後，我接到一通完全陌生的號碼來電，對方竟然是那位社長的秘書，表示「希望能夠約個時間聚餐」。

就這樣，我與這位足以代表日本的社長之間建立緣分，如今仍持續與他來往。當然，我完全沒有做出什麼「推銷保險」之類的動作，就只是以個人身分和對方往來。他教導我許多事情，也幫我介紹了許多人脈，更帶給我許多感動。而我和那位社長往來的這件事情本身就為我帶來了強烈的「影響力」。

為什麼會發生這種好事呢？

一方面當然是因為「辭掉TBS，成為拉保險的」這種反差感奏效。不過我認為，關鍵因素還是「第一年就成為日本第一」這個「實戰成績」。

畢竟是那樣偉大的社長，所以像我這種拜託他「希望能見個面」的人大概比比皆是。更何況他絕對是一寸光陰一寸金的忙碌之人，卻還是願意為我撥出「貴重的時間」，這其中絕對少不了「實戰成績」。「馬上就成為日本第一了嗎？欸！聽起來真有趣呀！」我想社長的這句話，應該就蘊含了他的真心吧。

畢竟是那樣偉大的社長，年輕時肯定是比任何人都更加努力，所以會願意支持「拚了命努力的年輕人」。當然，要和那樣的社長往來可不是件簡單的事，有好幾次我都擔心自己的行為不妥，感到坐立難安。

但是那種時候，我總是會想辦法告訴自己這句話。

「鑽石只能靠鑽石來研磨。」

我深信無論是誰，只要磨練後都能夠成為鑽石。但是要成為鑽石，就必須要靠鑽石來研磨才行。也就是說，和那些遠比自己優秀、強悍、高明的人物來往，才有可能靠他們把自己磨練成一顆鑽石。

所以，在打造出讓所有人都會眼睛為之一亮的「實戰成績」，產生「影響力」之後，我認為不能全盤接受和自己相同等級的人的吹捧；不能夠因此就覺得這樣非常好。而是應該**將那份「實戰成績」活用到最大極限，然後盡可能地去貼近那些「鑽石般的人物」**才對。這才是巧妙地使用「影響力」的好方法。就結果而言，這也是讓「影響力」最大化的最佳方式。

18

跨越心中的「難關」

與「一流人物」建立關係的鐵則

花費「時間」與「功夫」，撼動對方的「潛意識」

與「一流人物」建立關係——。

為了達成這個目的，首先必須建立起會讓所有人都會眼睛為之一亮的「實戰成績」。然而真要說起來，光是這樣還不夠，還有另一件事情一定要放在心上，也就是**花費足以跨越對方心目中的「難關」的功夫，或者揮灑同等程度的汗水。**

這是什麼意思呢？

在第17節當中，我曾述說自己靠著「反差×實戰成績」，成功建立起與日本屈指可數的創業家社長之間關係的故事。但是事實上，除此之外，還有件事是我總是特別放在心上執行著的。

我想應該已經有人注意到了，也就是我當初親筆寫信給社長這件事。親筆寫信是非常耗費功夫的，更何況我們只是打過一次招呼，對於這種完全沒有關係的長輩，想要拜託人家「請跟我見個面」這種不太有禮貌的事情，就不能寫那種會讓對方覺得被冒犯的信。

就算字跡沒有多麼漂亮，為了不要過於失禮也必須一筆一劃仔細書寫；要是漏字、錯字的話，就得重新從頭寫起。光是為了寫一封信，就得讓自己保持在精神緊繃的狀態，同時耗費很多的時間和功夫。

我想這件事情也賦予了我「影響力」。

畢竟收到這種信件，我想所有人都會明白「這是花了很大的功夫才寫給我的呢！」，也就是能夠表達出我有多麼「認真」。同時，對方自然也會湧現出希望能夠回報我的辛勞的心情，又或者是覺得**隨口拒絕掉如此耗費功夫**

之人的「請託」，內心多多少少會產生些許罪惡感之類的。

讓對方產生這種心理非常重要。

確實我在先前打招呼時，就用了「辭掉ＴＢＳ工作，成為『拉保險的』」這個反差，以及「成為『拉保險的』之後，只花一年時間就成為日本第一」這個實戰成績來帶給社長的心靈震撼。

但那再怎麼說，也不過就是「保險業務業界」裡面的實戰成績而已。如果是那種會被電視台或報紙大肆報導的「實戰成績」，那麼就算是足以代表日本的社長也會想著「希望能一對一見個面」，不過當時我的成績還沒有那麼強大的力量。

為了要讓對方心生「想一對一見個面」的念頭，我就必須花費能夠超越社長心目中的「難關」的功夫以及汗水。當時的我之所以會選擇花費功夫親筆寫信，就是因為覺得這樣或許能夠超越社長心中的「難關」。

想要擁有「影響力」，就必須「先有所付出」

除此之外，還發生過這樣的事情。

我在擔任業務員時，曾試圖與一位大阪優良企業的社長進行接洽。雖然是托他人的福牽線，不過畢竟對方非常忙碌，實在很難約到時間見面。但我仍然不肯放棄，請求對方「至少讓我跟您見面打個招呼吧？」，結果對方給了我這樣的回應。

「金澤先生您是住在東京對吧？我短期之內沒有要去東京的打算，如果您希望能盡快見面的話，不知道您是否方便過來大阪呢？另外，由於我的行程實在是有些排不開，可能只能撥出15分鐘與您見面。如果您覺得這樣也沒關係的話，我會盡快調整時間的。」

我想他是真的非常忙碌，所以想要婉轉地拒絕我。但我直覺認為「這是個好機會」。只要能夠超越這個「難關」，我就可以向對方表現出我對他的「敬意」，以及我的「真誠」。

所以我馬上回覆他：「非常謝謝您能撥出貴重的15分鐘。」然後在對方指定的日期飛奔前往大阪。

我想對方應該也是很驚訝地想著「不會吧？」。實際上見到面以後，他撥出了遠遠超過15分鐘的時間，非常仔細地聆聽我說話。而且在那之後，我們建立起如今都還相當親密的往來關係。

社會地位高的人，會有許多人向他們表示「希望能見個面」。

無論是多麼親切的人，都不可能全部給予回應。所以他們會設定「難關」來進行篩選，能夠超越的人才會得到回應，這也是理所當然的。「如果不願意來大阪，那就算了」、「如果覺得15分鐘不夠，那就算了」等等，無法跨越這些難關的人，就會直接被捨棄。

正是因為這樣，所以這才更是個好機會。

只要奮力跨越那個「高度難關」，那麼「一流人物」肯定也會回應你的辛勞。看見你為了跨越「高度難關」而花費的時間和功夫，對方也會想要回報你（正因為他們有這樣的「人情義理」，所以才能成為「一流人物」）。

當然，當中也會有以「看不起對方」的態度來提出稱得上是「高度難關」的「冒牌貨」存在，所以必須學會辨明對方。**想要獲得影響力、想要打動對方心靈，就必須「先有所付出」。**首先試著跨越對方給的「難關」，這是想讓「一流人物」的潛意識有所作用時不可或缺的行動。

19

成為難以預約的知名店家的「常客」

借用名店老闆的「影響力」與「人脈」

成為「難以預約的名店」常客的「小秘訣」

備有能夠以「常客」姿態現身的餐飲店——。

這也是讓「影響力」增強的有效手段。

在建構人際關係時，能在舒適的環境當中，一邊享用美食，一邊好好對談是非常重要的。如果手上有許多這種「口袋名單」，就可以在與許多人建立信任關係時大有幫助。

而且如果能讓對方感受到「金澤帶我去的店家全部都非常好吃」，那麼在我提出邀約時，對方答應的機率就會比較高；如果有人覺得「詢問金澤，他就會告訴我很不錯的店家」，那就代表對方認為我是個「有用的人」、「應該多多往來的人」。

或者是那種知名度高、非常難以預約，或甚至是「拒絕沒來過的顧客預約」的名店，如果亮出「金澤景敏」這個名字就能夠順利預約到位子的話，那麼當然就會有很多人對我另眼相看。

而且也能為我帶來與很難牽線的「大人物」相識的緣分。

畢竟就算是「大人物」，也很難踏進「難以預約的店家」。如果只是單純邀約對方「請和我一起吃個飯」，那麼很有可能會遭到拒絕；不過如果我提出邀約的地點是「很難預約到的店家」，那麼對方可能也會想：「機會難得，就去一趟看看吧。」

更進一步來看，如果進到店家之後，老闆還特地跑來打招呼的話，只要看到老闆跟我親暱地對話的樣子，對方肯定也會刮目相看。

接下來若是把老闆介紹給對方，那麼我想不管是什麼人應該都會覺得非常開心，並且感激不盡。之後當然就會想著要用什麼方式來「回報」我了。

那麼，應該要怎麼樣才能讓對方認為你是「常客」呢？

我推薦「短期內去好幾次」這個方法。

比方說，與其一年內每個月去1次（共12次），還不如三個月內每個月去4次（共12次），絕對能讓店家對你有更深刻的印象。

而且只要他們有了你是「常客」的印象，這個記憶就不太會消失。所以我如果覺得「這間店還不錯」，就會在短時間內不斷地前往造訪。

成為老闆駐守在店裡的餐飲店的「常客」

不過我基本上只會選擇老闆有在店裡的餐飲店成為「常客」。

這當然是因為**能夠掌握店家經營本身相關事宜的，就是老闆本人。**比方說，如果我想要配合我帶去的人的喜好，請對方以菜單上沒有的材料來製作餐點，這種時候，能夠開口表示「ＯＫ」的只有老闆本人而已。如果希望店家通融些什麼事情，通常再怎麼說，都還是得靠跟老闆套好關係才行。

而且**餐飲店也有以「常客」為主的人脈系統，那個人脈的中心當然就是老闆。**

若是想和那些人脈有所接觸，就要先獲得老闆本人的信任；為了能夠接近那些人脈，必須通過老闆的「人物測驗」才行。

當然，去拜訪店家的時候不能只跟老闆說話，也要好好跟店員們應對進退才行。

這是作為一個人的基本常識。更何況，幾乎不會有任何一位老闆面對那種對店員相當失禮的客戶，還能擺出什麼好臉色。為了獲得老闆的認可，要在跟店員們保持親切往來的基礎上，專注於與老闆建立信任關係。

同時透過「短期內頻繁光臨」來讓我這個存在刻進老闆的「記憶」當中。接下來就是用本書前面所講述過的方法，老實說出自己的故事，進行「自我表白」、傾聽老闆所說的話語、帶些好客戶來對店家有所貢獻……慢慢建立起與老闆之間的人際關係及信任關係。

另外，我有特別針對自己最喜歡的「肉類料理」開發店家。

我想這並不一定是正確的做法，不過與其全方面開發所有類型的店家，我覺得刻意專注於某些方面、向下挖掘或許會比較好。

會這麼說是因為畢竟時間和金錢有限，如果要全方面開拓，那麼對於各領域的「深度」就會相對淺薄。還不如像我針對「肉類料理」進行深入調查，更有機會取得其他人無法比擬的「專業程度」。

加上我自己也有每天都想吃「肉類料理」的慾望，也有著想要碰觸「肉類料理」真髓的探究之心，就算不勉強自己，也能夠放輕鬆地持續挖掘「肉類料理名店」。

只要能在大眾心目中留下**「提到肉類料理，就會想到金澤」這樣的廣泛認知，就可以發揮自己的「角色」**，讓這件事情本身作為「影響力」開始產生效果。這樣會給讓大家在想知道「肉類料理店家」資訊時，自然而然想到主動聯絡我的動機。只是**針對自己喜歡的料理深入研究，就能獲得「影響力」，我認為這麼好康的事沒有不做的道理。**

借用個性十足的老闆的「影響力」及「人脈」

如果手中有能讓自己臉上貼金的「口袋名單」，當然就能帶來許多好處。其中最具優勢的就是可以借用**「老闆的影響力」**。

那些能把店家打造成所謂名店的老闆，幾乎都是非常有個性、有才能的人。大家都有著自己獨特的人脈和擅長的領域，所以若是能夠「借用」這些東西，就可以獲得相當了不起的力量。

比方說，我有一次就在某位燒肉店老闆的邀請下，獲得去美國觀看高爾夫球祭典「美國名人賽」的機會。

我在TBS時代曾經負責名人賽的轉播，但並未前往當地，也不曾想過要自己去看看。但是我因為自己喜歡而常去拜訪的燒肉店老闆是個超級高爾夫球迷，他長年以來都有去看名人賽，所以向我詢問：「這次要不要一起去看名人賽啊？」

當時我還沒有什麼高爾夫球的經驗，對高爾夫球的興趣也不是那麼強烈，所以還在考慮「要去嗎……」。但回想我還在TBS的時候，光是能進入舉辦名人賽的奧古斯塔高爾夫球俱樂部就是件非常了不起的事情，而我也知道老闆手上的觀賽門票可不是什麼花錢就能買到的東西。也就是說，如果沒有那位燒肉店老闆的「影響力」，那根本不是什麼我能輕鬆前往的地方。既然是如此難得的機會，我就下定決心答應一起前往了。

當我實際去到名人賽現場觀戰時，覺得自己身處這個對於高爾夫球迷來說夢想般的世界，眼前進行的可是世界等級的比賽，但我自己根本就沒有在打高爾夫球，這對於高爾夫球和球迷來說似乎都相當失禮。因此我才決定「開始打高爾夫，並自己舉辦高爾夫比賽」。

年營業額一兆日圓的「大經營者」為何願意為我行動？

沒想到這個決定以出乎我意料之外的形式，讓我的「影響力」大大增強。

在我實際開始打高爾夫以後，見到了各式各樣的人，當我告訴他們：「其實我是在去看了名人賽以後才開始打高爾夫球的。」每個人都驚訝地問我：「啊？你去看了名人賽才開始打高爾夫？」、「你怎麼有辦法去看比賽？」、「你是怎麼拿到票的？」……簡單來說，就是帶給大家「這傢伙到底是什麼人物？」的震撼感。

因此，只要我邀請其他人去打高爾夫球，有很大的機率會收到對方回覆：「還請務必讓我同行。」

舉例來說，先前我曾有個和年營業額超過一兆日圓的「大經營者」談話的機會，因為這位大人物非常喜歡棒球和高爾夫球，所以在我談到「名人賽」的時候，他非常地感興趣。於是我在說出和自己非常熟稔的棒球選手的名字後，主動邀請他「要不要和我們一起去打高爾夫球呢？」

一般來說，對方應該是根本不可能把我看在眼裡的「大人物」，卻幾乎是以秒回的速度答覆「ＯＫ」。

而且他還為了調整時程而跟我交換了ＬＩＮＥ。之後我們的關係變成甚至不用透過秘書，可以直接用ＬＩＮＥ私下聯繫。

也就是說，「在現場觀看過名人賽」這個事實，給了我能夠與「大人物」建立人脈的「影響力」。而給了我「去現場看名人賽」這個機會的，正是那位我因為自己喜歡而經常拜訪的燒肉店老闆。

只是成為自己喜歡的餐飲店的「常客」，就發生了這種程度的好事。
這種好康，哪有不要的道理？

20

正確活用「互惠原理」

就算「為他人貢獻」也無法得到回報的人所誤解的事

「明明很親切卻被討厭的人」下意識做出的舉動

我想應該很多人知道「互惠原理」這個詞彙。

這是指提供某些有價值的東西給對方後，對方就會強烈感受到自己必須有所回報。

由於有著對方應會想著「必須有所回報」的心理作為基礎，所以我們會認為對方願意主動採取符合我方希望舉動的可能性就會比較高。在思考「影響力」時，這可以說是非常關鍵的事。

那麼，如何才能讓對方感受到「互惠」呢？

非常簡單，只要實現對方所期望的事情，或者解決對方的困難即可。

當然，若是我們力所不及，也可能無法實現對方的願望、無法解決對方的問題。但只要我們有為對方花費時間和精力，那麼對方應該還是會有「希望能回報這個人的辛勞」的想法。最重要的是想要為對方有所貢獻的心，也就是貫徹身為「施者（Giver）」的身分。

不過當一個「施者」並非那麼簡單。

就像是「好心幫倒忙」、「多管閒事」這些詞句，如果只是我方單方面認定「為對方好」，絲毫沒有顧及對方的心情，只是抱持著要施予對方些什麼的態度進行「給予」的話，那不僅已經超越添麻煩的程度，甚至會讓人感到厭惡。

為了避免做出這樣的愚蠢行為，必需先將「我來為他做些什麼」、「我來施予他些什麼」、「我來幫他些什麼」這種「由上往下」的態度從心中連

根拔起。

我認為，只需要純粹地追求「樂在其中」就好。「給予」對方什麼的時候，對方會打從心底感到開心、會露出滿面笑容的話，那應該就能稱得上是皆大歡喜吧？對方若能感到高興，那麼自己對於自己的存在也會更有自信吧？**純粹追求這種樂在其中的情感的話，自然就能成長為合格的「施者」，就結果來說，應該就能增強「影響力」。**

成為「施者」並不需要「自我犧牲」

不過我希望大家要注意兩件事情。

第一，**成為「施者」與「自我犧牲」完全是兩回事。**

說到底，人類如果沒有確保「自己的正當利益」，就沒有辦法活下去。所以想獲得利益並不完全是錯誤的事，**在「給予」對方之前，可以先好好地**

把「自己的正當利益」列入考慮。

甚至可以說**無法為自己爭取利益的人是不合格的。**一個無法為了自己而努力的人，是無法成為為他人、為周遭努力的「施者」的。首先要讓自己獲得滿足、讓自己覺得開心，否則我們永遠無法成為「施者」。

更何況，**我認為沒有好好主張「自己的正當利益」的人根本無法信任。**

當然，如果只是「稍微讓個位子」這種「小小的親切舉動」的話，的確是不需要再三琢磨「自己的正當利益」之類的事情，只需要用純粹的親切之情來做決定就好。但若是要花費勞力去「給予」的情況，背後肯定就會關係到「自己的正當利益」，我認為最好還是直接將其搬上檯面。

確實在廣大世間中，或許也有「無私」的道德高尚者存在，如果真的有那種人的話，我會打從心底尊敬他。然而那樣的生活方式會有多麼艱辛，我光是想像就能明白。這種令人畏懼的事情實在是常人無法辦到的。

世間上不乏裝作「自我犧牲」，擺出一副「善人」姿態接近他人的人。

雖然我方的好處顯露無遺，但是對於對方來說究竟有什麼「利益」，卻讓人難以參透。

我實在是不得不以懷疑的眼光審視這種人。有句話說「免費的東西最貴」，正是這個道理。如果有人拿著「免費商品」前來，代表之後肯定是想大肆敲詐一番。畢竟不這麼做的話，人就無法生存下去，這也是理所當然的道理。

所以相較於那些擺出「自我犧牲」姿態的人，我還比較信任光明正大表示他要收取屬於「自己的正當利益」的人。畢竟「原來如此，你是因為想要這樣的『利益』，所以才會『給予』我這種好處」的情況才能讓人有所信服。

如果覺得對方尋求的「利益」實在太過遠大的話，我也會指出這點，然後請對方調整。又或者如果是對方和我之間都有「好處」，但是對於第三者或社會沒有「利益」的事情，那麼我也會與對方協調。**如果能夠經過這樣的溝通，我想應該就能建立彼此都能接受的「互惠關係」**。

實際上，當我還是業務員時，曾經「給予」許多客戶各式各樣的東西，同時我也清楚向他們表示「我想以拉保險的身分獲得成功」。當然，我不會試圖硬要「賣保險」給客戶，但是會明確地說出「我的夢想」和「我的利益」這些事情。

所以若是對方因為我的「給予」而感到高興的話，自然就會跟我買保險，或者介紹朋友給我，對我付出某些「回報」。就像這樣，**經由彼此互相「給予」，我才能夠和許多客戶培養出長久的人際關係。**

斷絕與「受者」的往來，自然就能「逆轉人生」

第二個要大家注意的事情如下。

那就是**不是「施者」的人，就不可以做出「給予」的動作。**也就是說，「給予」也要選擇對象。

我認為世間上存在兩種人。

也就是「受者（Taker）」和「施者」。**「受者」是指「為了自己的利益而試圖從他人身上單方面搶奪的人」；「施者」則是「知道若是給予他人利益，自己也能獲得回報的人」。**

也就是說，「受者」是沒有讓「互惠原理」正常運作的人，所以若是向這種人進行「給予」的動作，也只是單純地被掠奪而已。不可以跟這種人進行往來。我自己也曾對於這種「受者」客戶進行「給予」，結果搞得自己身心俱疲，久而久之自然就能嗅出這兩者之間有何不同，於是後來我都只和「施者」有所往來。

根據我的觀察，**社會上能夠長期成功的人都是「施者」。**我想這正是因為他們會和許多其他「施者」建立互惠關係，打好成功的基礎。

另一方面，**靠著「掠奪他人」來試圖獲利的「受者」，就算獲得短期的成功，也幾乎無法長期持續下去。**因為他從別人身上把東西搶光了以後，就必須再尋找下一個掠奪對象。這就有點像是「火耕農業」，總有一天會變得雙手空空、陷入家徒四壁的赤貧狀態。甚至在那之前就會因為親手打造出眾多的「犧牲者」和「敵人」，而根本無法容於社會當中。

而「損失」最大的，就是和「受者」往來，單純被掠奪的「施者」。

我曾見過很多位這種「施者」，每次看著他們，我都會因為覺得自己幫不上忙而氣得牙癢癢的。那些「成功」的「受者」當中，有許多人乍看之下都很有個人魅力（聽說詐欺師也大多是乍看之下很有魅力的人），所以大家才會很容易上當。

這實在是令人惋惜。如果那些人**別再跟「受者」往來，選擇只跟「施者」交往的話，人生肯定會有極大的轉變。**唯有當人生中的「互惠原理」步上正軌，只要「給予」就能夠變得「富有」這樣的正面循環才會開始運作。

21

盡量仰賴「他人的力量」

借用100個人的力量，「影響力」就會成長為100倍

想為某人「有所貢獻」，
就必須借用其他人的「力量」

了解對方的「期望」或「課題」——。

然後實現對方的「期望」，或是為了解決對方的「課題」而有所貢獻。這樣一來，對方就會自發性地想著要「回報些什麼」。讓這個「互惠原理」得以順利運作，可說是讓自己具備「影響力」的關鍵。

不過，就算滿心希望能對於對方的「期望」或「課題」有所貢獻，單靠自己一個人的力量，或許有些自不量力。

這時候能夠活用的就是「人脈」。平時特別留意盡可能多與人群接觸，與大家建立能夠讓彼此之間的「互惠原理」順利運作的「互惠型關係」非常重要。

就算憑藉一己之力無法解決某個人的「課題」，在我們所認識的人脈當中，或許可能會有人具備那樣的能力。如果有這樣的人物存在，那我們只要介紹雙方認識即可。這樣一來，不僅「課題」能夠迎刃而解，「互惠原理」也會朝向身為介紹人的我開始運作。

比方說，我曾經歷過這種事情。

在我還是保險業務員的時候，認識了某位剛創業的企業家，當時的他還沒有餘裕加入保險，不過因為我們意氣相投，所以後來一直保持聯絡。

在我們往來的數年當中，他所面臨的「期望」與「課題」時時刻刻都在變化。剛創業時，他煩惱著如何聚集資金，但身為前電視台員工、現任「拉保險的」，我實在是無法幫上什麼忙。因此我向他介紹了我認識的銀行、證券業、創業投資等金融相關業者當中，我認為特別值得信賴的人，也曾用邀約聚餐的方式讓他和其他前輩創業家見面，請對方給他一些建議等等。

好不容易終於抓住成功的尾巴，接著在必須擴大事業版圖時，他又面臨到尋找人才和組織管理等「課題」；跨越這個難關以後，下個挑戰則是要把上市售股列入考量等等……在創業的每個階段都有令人眼花撩亂的「期望」與「課題」存在。每次我都會介紹一些具備相關專門知識的人給他，不斷累積我的「貢獻」。

若能借用100個人的「力量」，「影響力」就會成長為100倍

透過這樣的方式，我在對方的事業方面有所「貢獻」，與他的信任關係越來越穩固，接著他就會開始找我商量私人方面的「期望」與「課題」。也就是說，我變成比較接近「朋友」的存在。

舉例來說，他可能會問我：「我倒不是想要奢侈一點之類的，不過是不

是該開台比較符合社長身分的車子啊？」之類的事情，這時我就會介紹認識的高級車款經銷商給他；要是他喃喃說著：「最近肩頸痠痛好嚴重啊……」那我也會介紹自己常去拜訪的整體按摩師傅給他。

經過這些朋友般的往來之後，他也會想要「回報」我這個朋友。

當他的公司獲益有些超出預期目標時，為了結算報稅對策，決定從我這裡加入高額保險；又或者是他在工作上接觸到的其他富裕階層者，他也都會主動介紹給我。這完全可以說是沐浴在「互惠原理」的恩惠之下。

我想應該不用我再次重新強調，其實**那些事情大多都不是靠我自身力量去「有所貢獻」，幾乎全部都是仰仗其他朋友的力量。**這樣就夠了。甚至應該說，這樣比較好。

為什麼呢？

第一，能夠借用越多人的力量，就能對越多人「有所貢獻」。

我有１００位具備某些專業知識或能力的朋友，如果能夠借用他們所有人的力量，換句話說，我就可以應付１００種的「期望」和「課題」。

這種事情光靠自己一個人是辦不到的。

無論我多麼努力，想要具備能夠應付某個人的「期望」和「課題」的能力，頂多也只能橫跨兩到三個領域吧？凡人能辦到的大概就這個程度了。甚至應該是說，與其對於每件事情都摸個不上不下，還不如在兩到三個領域當中深耕細作，磨練出確實的「手腕」，具備真正能夠為誰「有所貢獻」的實力才對。

為此，最好也要積極借用他人的力量，而且盡可能地讓自己能借到越多人的力量越好。能對越多的人有所「貢獻」，也就能和越多人結下「互惠關係」。也就是說，如果能夠借用１００個人的「力量」，那麼「影響力」也會成長為１００倍。

釐清眾人的「期望」和「課題」，並且巧妙地將它們連結在一起

第二點則是自己與借出「力量」的人之間的關係性也會因此強化。

雖然這是理所當然的事，但還是要再三強調，為了對某個人「有所貢獻」，在拜託其他人「提供協助」的時候，必須要讓那個「其他人」也能夠獲利才行。不這麼做的話，對方自然不會樂意提供自己身為專家所磨練出來的「能力」。

以剛才的例子來說，我所介紹的那些具備金融相關專業知識的人們，如果對於創業家有較高的評價，那麼他們之間自然就會產生業務關係。

又或者以讓他和其他前輩創業家聚餐的情況來說，因為我找來的是在業務型態上有著互助可能性的創業家們，所以至少可以產生交換資訊這個價值，視情況而言，甚至可能發展成事業上的合作關係。

另外還發生過這種事。

透過某個人的介紹，我有機會認識一位女性稅理士。我們聊了許多話題，其中也提到她是高中棒球比賽的資深粉絲。這時我靈機一動，如果介紹我的

棒球選手朋友給她，那她應該會很高興吧。

加上當時正好有一位原先在大學棒球隊中相當活躍、剛進入職業球隊沒多久的棒球選手找我商量：「因為成為了職業選手，所以想請您介紹能夠協助管理財務的人給我。」因此我想，若是把女性稅理士介紹給棒球選手，那應該是皆大歡喜的事吧。

我的想法完全正中紅心。

欣喜若狂的女性稅理士介紹了正在尋求大型保險契約的人給我，而棒球選手則介紹了好幾位「想要商量財務事宜」的運動選手朋友給我。話說回來，我只是幫兩位牽個線，就能在拓展「人脈」的同時，還得到了「影響力」。

像這樣**釐清彼此的「期望」和「課題」，並且巧妙地連結在一起，就能讓包含我自己在內的三方都皆大歡喜。**

應該也能這麼說吧。**為了其他人而去動用自己的「人脈」，「人脈」就會像滾雪球般越來越大。**有些人可能會想獨佔自己逐步建立起來的「人脈」，但這樣實在不是件好事。應該要為了對眼前的人「有所貢獻」而積極活用「人脈」。這樣一來，「人脈」反而能因此更加成長茁壯。

我想應該也不用多說，「『人脈』越用越廣」這個法則，當然是僅限於為了「施者」使用人脈的情況。

就算為了「受者」使用人脈，「受者」也只會自私地只為自己加以利用。甚至即使會傷害到你的「人脈」，他們也只想要獲得「自己的利益」。所以「人脈」只能為了「施者」使用，這是鐵則。面對「施者」，要毫不吝惜地活用自己的「人脈」。這樣一來，「人脈」就會無限擴增。

22

和所有人以「對等關係」往來

面對大人物時，可以「有所顧忌」，但千萬「不要客氣」

與具備「影響力」之人物往來時容易落入的「陷阱」

應該怎麼和具備「影響力」的人物往來呢？

這也是必須經常思考的重要課題。

活在這個世界上，為了要能夠實現「豐功偉業」，就必須與具備「影響力」的人物建構關係性。然而這種時候經常會面臨困境。這是什麼意思呢？讓我從自己的實際經驗當中，介紹一個相對比較好懂的例子給各位。

透過某個人的介紹，我有緣認識了某位經營者。

實際與對方見面後，有幸得知他正在考慮購買一年費用是四千萬日圓的高額保險契約。作為業務員當然非常想要拿到這份契約，畢竟高額契約就是有著如此強烈的「影響力」。

然而在我們還在洽談這份契約時，卻發生了讓我無法小覷的事情。那個人打電話給我，同時像這樣邀請我。

「我要跟朋友去喝酒，你現在過來吧。」

聽到他這麼說，講老實話我有點不高興。我是為了能夠和更多客戶見面而行動的「成熟老實社會人士」，而他居然也不問過我的行程安排如何，就說出「你現在過來吧」這種話，讓人感覺實在非常沒有禮貌。

而且正好我與其他客戶有約，所以根本不可能答應他的邀約。因此我告訴他：「實在非常抱歉，我已經有其他行程，所以無法馬上前去拜訪。」結果他非常震驚地說出這種話。

「你不是業務員嗎？你不想要四千萬的契約嗎？」

如果不小心「上鉤」，就會失去「自信」與「榮耀」

這實在是令人啞口無言。

這樣的說法簡直就像是把「四千萬日圓」這個「誘餌」掛在我眼前晃來晃去。

確實「四千萬的契約」對我來說實在是頗為重要的東西，但是相對的，我也**很難接受拿它來換「作為人類」應該要有的「禮數」。**

而且為了因應這個「邀約」，我還得去變更與原先已經約好時間的客戶的約定，這樣對於那位客戶也非常失禮。我認為自己**不可以被「四千萬」這種「誘餌」迷惑，成為一個違背與其他客戶約定的人類。**

而且這種「邀約」一旦答應過一次，我想那位經營者的客戶應該都會**把**

我看作「只要有『餌』就會言聽計從的男人」吧。話雖如此，若是能讓他感到高興，除了「四千萬的契約」可以順利到手之外，或許還會伴隨著其他利益也說不定。

不過這種事情一旦做過一次，那麼我身而為人的原則當中，「自信」和「榮耀」的部分也將蕩然無存。同時**看見我那副模樣的第三者，對我這個人類的「評價」也會下降。就結果來說，我肯定會失去「影響力」。**

所以我後來婉拒了那份「四千萬的契約」。

那位客戶非常驚訝，問我：「你打算就這樣丟掉四千萬嗎？」我馬上回答：「是的，沒關係。」

若說我心中沒有半點「好可惜喔……」的想法，那肯定是騙人的。但是之後我與其他人見面時聊到這件事情，大家也都深有同感，和我有著相同「想法」，因此也對我更有「信任感」了。

也就是說，**雖然我拋棄了「四千萬的契約」，卻讓自己得到了「影響力」。**

這不僅僅是對於我的事業產生了各式各樣的優勢，也讓我的「生存原則」變得更加成熟。

無論是否具備「影響力」，和所有人都應該保持「對等」

正如前述，我認為在面對「影響力」強大的人物時，也絕對不可以諂媚對方。無論「影響力」是強或弱，都應該要與所有人以「對等關係」進行往來。我認為要讓自己的「影響力」最大化，這才是絕對不可動搖的必要條件。

所以我也特別留意稱呼他人名字時的「稱謂」。

平時我就常和政治家、醫師、律師、經營者、運動選手等人往來，我會一律稱呼對方為「〇〇先生／小姐」，而不會叫他們什麼「〇〇老師」、「〇〇社長」之類的。

畢竟那些人對我來說又不是「老師」或者「社長」。我在以公司名義進行工作相關接洽時，就會稱呼對方為「○○社長」；如果是我的主治醫師，或者確實有指導我什麼事情的人，我也會叫他們「○○醫師」、「○○老師」。除此之外都統一稱呼「○○先生／小姐」，我覺得這樣才不會有奇怪的歧視。

這也許是我在美式足球中所學到的東西。

站在美式足球賽場上的所有選手都是「對等」的。就算對手年紀比我小，比賽中他也不可能因此敬我三分。無關乎年齡或者地位，只是單純地為了「打場好比賽」而對等衝撞，這就是美式足球。

我在社會上也是這樣。**無論年紀較長或較輕、是前輩或晚輩、是社長還是員工……不分地位或者職業，我對所有人抱持同等敬意、以禮相待。**同時為了在社會這個領域中營造出「價值」而互相切磋琢磨。我認為應該貫徹這種態度（當然也不用我多說，同一個組織或團隊當中「年長－年幼」、「前輩－晚輩」之類的關係就要有所區別，這是非常重要的）。

當然，**如果對方屬於長輩，又或者是社會地位比較高的人，那麼還是要有相對應的「考量」。然而若是考量過頭的話，兩者之間的關係就會因此而**

扭曲，無法享受健全的人際關係。

所以我認為，無論對方是「影響力」多麼強大的人物，可以有所「顧忌」，但也千萬不必「客氣」。要把彼此當成個體「對等」往來。如果對方做出會損害這種平衡關係的言行舉止，那麼就要毫不「客氣」地提出指正。如果對方還是不改其態，那麼最好要有心理準備，不需要勉強自己去維持這份關係。

即使面對年營業額百億日圓的社長，也要坦率表達「自己的想法」

實際上也發生過這種事情。

我和一位年營業額百億日圓的上市公司創業社長約好「一起去吃飯」。

我和對方已經聚餐過好幾次，也曾介紹有機會產生互助效果的「一流人物」給他，有著相當親密的關係。我們熟到甚至不用透過秘書，可以直接用LINE或者電話聯絡。

然而就在不久前，他的秘書卻傳電子郵件告訴我：「時間上突然變得有些不方便，可以更改飯局日程嗎？」

說實在話我覺得很失望。

並不是因為他「臨時取消約定」，畢竟是背負了重責大任的社長，我也可以理解他很可能就是會有需要臨時調整安排的情況。我真正在意的是他沒有自己聯絡我，而是讓秘書寄郵件給我，讓我覺得非常奇怪。

因為我們一起吃飯的約定，是他和我一對一講好的，如果想要變更那個約定，就不應該透過秘書聯絡，而是自己來找我才對。我認為那才是「基本禮儀」。

因此我就直接老實地告訴那位社長：「我希望這種事情可以由你直接跟我說。」

結果當天晚上他就傳了封道歉的郵件給我。

其實我也鬆了口氣。畢竟我們的關係很可能就此打壞也說不定。

然而就算是會演變成那種狀況，我也還是得要告訴他才行。如果不這樣做的話，我們可能就無法維持健全的關係。我覺得那樣反而會讓雙方變得更加不幸。

那位社長是與我共享「同為人類，就該享有對等關係」這個價值觀的人。

正因如此，他才會特意直接向我道歉。同時，正因為我如此清楚地表達出自己的想法，所以自此之後，我們應該會更懂得如何抱持敬意，建立起雙方之間的健全關係。

也就是說，**藉由表達自己的想法，我對於那位社長的「影響力」得以增強。不僅如此，能夠和大企業的社長建立「對等關係」，應該也會有許多人覺得我不可小覷。**

這其實並不是多麼「輕鬆」就能辦到的事情。

簡單來說，面對「影響力」強大的人物，建立相對謙遜的關係其實比較「輕鬆」，但是這樣是無法加強自己的「影響力」的。**無論面對多麼偉大的人物，**

貫徹「對等關係」的原則雖然會非常消耗力氣與體力，但我認為，那是用來鍛鍊我這個人類，同時也是將我的「影響力」最大化的方法。

第5章

讓「影響力」最大化的方法

23

避免人際關係中出現「關鍵人物」

不被某個人掌握「生殺大權」的絕佳戰略

若是仰賴「關鍵人物」，就會伴隨「相對風險」

我認為，人際關係中不應該有所謂的「關鍵人物」存在。

所謂的關鍵人物，就是指能夠將這個世界上既有的「人脈」之間相互連結之人。我不否認，若是能夠借用這個人物的「影響力」，活用「人脈」的話，就可以順利推動大型任務，但我下定決心不採取這種戰略。

當然，我也不認為這個做法絕對正確。

舉例來說，從事需要活用工匠技術或極具創意思維的工作者，可能就要把自己和世間的所有連結都交給某位關鍵人物協助處理，讓自己能夠盡可能地集中在「作品」上，這或許也是正確的做法。

因為這種類型的人如果想讓「影響力」增幅到最大，就必須仰賴「作品」的品質以及伴隨而來的評價。與其花費精力在人脈建構之上，還不如把力氣花在「作品」上，我想這也是理所當然的。

實際上我也曾聽一位優秀的創作者說過：「如果人脈中能有『5位關鍵人物』，就可以在這個世界上生存下去」，既然這句話出自像他那樣優秀之人，我想事實就是如此。

然而，如果沒有那種特殊技能，只是一般的商務人士的話，情況就有所不同了。事實上，我在身為保險業務員，不斷地於各種錯誤當中掙扎嘗試時，就被迫了解到**「仰賴關鍵人物」的「相對風險」。**這是什麼意思呢？讓我用具體的故事來告訴大家。

如何開拓出能夠連結到經營者等富裕階層的人脈呢——。

在我進入保誠人壽的第三年，只靠個人保險，業績就達到TOT標準時，我認為這段時間的「睡袋生活」已經到達體力和精神的極限，於是決定從根本上改變業務戰略。我把方向切換成積極接洽富裕階層，提升契約單價。

但是當時的我根本不具任何相關知識。

因此我開始觀察那些已經在接洽富裕階層方面拿出成果的敵手，發現他們大多與「稅理士」聯手。

幾乎所有公司都聘有顧問稅理士，而且在「金錢相關」的決策上，稅理士有著很大的「影響力」。比方說，只要稅理士建議他們「為了降低財務申報金額，最好加入保險」，那麼大多數社長都會接受意見，想著「原來如此」。只要借用稅理士的「影響力」，就能建立起與社長之間的連結。

「介紹者」比「被介紹的人」更為關鍵

我覺得這的確是個合理的好方法，所以馬上著手嘗試。

幸好，當時的我身為保險業務員已經做出了「實際成績」，擁有一定程度的「影響力」，所以我馬上找到某位相當有力的稅理士願意攜手合作。然而沒過多久，我就發現其中有些不對勁。

打從一開始似乎就有哪裡怪怪的。

在我為了與對方介紹給我的社長初次見面之前，與那位稅理士開會時，他便提出：「我覺得應該開出這樣的保險費用。」而他所說的金額實在是高的有點誇張。

講老實話，我覺得這樣有點奇怪。畢竟我認為保險內容的提案應該交給我這個「保險專家」才對，而且我看了那間公司的結算申報表，也認為稅理士所說的那個金額實在是高過頭了。

後來我隻身一人去見了那位社長，詳細詢問情況以後，還是判斷那位稅理士所提出的金額過高，於是我提出了一個金額相對低了不少的契約，而社長也同意了。

然而，在我將這件事情報告給那位稅理士之後，他卻表現得相當不滿。更令人難以置信的是，他居然對我說出這種話。

「你為什麼降低金額？我懂你的意思，但掌管那間公司現金流的人可是我耶！我都已經計算好了，你給我照著我說的金額去提。」

之後他所說的一句話成為關鍵。讓我非常驚訝的是，他竟然這麼說。

「不然，我的分紅不就減少了嗎？」

我覺得應該不會有稅理士講出這種話吧。可能只是剛好我遇到的合作對象是這種人。

但我實在無法忍受。保險契約不是我或者稅理士的東西，而是客戶的。我的工作是推薦最適合的契約內容給客戶，讓客戶「信任」我，這才是我的財產。因此我當場就對那位稅理士說：「我拒絕這種交易。」當然我們也取消了合作關係。

之後我一直在思考這件事。

雖然應該還有很多誠實且認真的稅理士存在，但我還是決定不再跟稅理士合作了。

這是因為**「介紹者（＝關鍵人物）」比「被介紹的人」有著更強大的「影響力」**。也就是說，只要我繼續站在請稅理士介紹客戶給我的立場，那麼掌控主導權的人就會是稅理士。這種情況並不適合「希望我方能佔上風」的我，而且還會需要背負摧毀自身理念的風險。

在交際場合當中，關鍵人物的「影響力」至關重要

那麼，應該要如何才能開拓通往富裕階層的管道呢？

接著我將目光放在「交流會」上。我知道在那些從富裕階層手中拿下保險契約的對手當中，有些人會去參加包含經營者在內，許多上流階級聚集的「交流會」，並在那裡和其他人建立關係。

因此我也試著在各種「交流會」上露臉，結果還是不得不面對關鍵人物這種存在的重要性。

在交流會上見過面的人，就算想在日後與對方聯絡，也很難成功見上一面。因為他們知道我是「拉保險的」，所以多多少少會心生警戒，我想這也是理所當然的吧。

因此對我來說，最重要的是**和「交流會」的主辦者好好建立信任關係，然後借用他的「影響力」**。比方說，當我發電子郵件給交流會上打過照面的參加者時，只要在「CC（副本）」放上主辦者的信箱，那麼對方的反應就會出現戲劇性的變化。

想想這也是理所當然的。畢竟會去參加那個「交流會」，就表示對方信任主辦者，又或者是希望能夠拉近與該主辦者之間的距離。如果能夠和與主辦者「關係匪淺」的我變得親近，那麼想必對於他和主辦者之間的關係也會有所助益。

因此，**如果想在「交流會」上建立人脈，就必須請主辦者這位關鍵人物**

將我介紹給其他人。

不能讓關鍵人物掌握「生殺大權」

但是隨著時間過去，我又發現另一件事情。

就是我根本不需要借助主辦者的「影響力」。當然，由於好幾位親切又有能的主辦者相當照顧我，賜予我許多與其他人脈相遇的機緣，這份感謝之情至今仍未改變。

然而另一方面，也會有些不自在之處。

畢竟若是和身為關鍵人物的主辦者之間的關係中斷的話，那麼我和透過那位主辦者所認識的人之間的關係也會受到牽連。而且如果人脈中只有幾名關鍵人物存在，只要失去其中一位，對我來說就是相當大的損失。因果循環之下，會變得非常難以無視關鍵人物的想法。

所以我決定盡量不要借助主辦者的「影響力」，而是讓自己成為交流會的主辦者。如此一來，我就能夠擁有自己的「影響力」。

幸好我也已經開始建立起能夠主辦交流會的「人脈資產」。除了先前培養出來的人際關係以外，我也透過參加許多交流會，與很多魅力十足的人建立關係並且拓展人脈。只要向他們打聲招呼，我想應該也能夠成功主辦我自己的交流會。

就這樣，我開始有意識地脫離依賴關鍵人物的活動方式。

一旦陷入仰賴關鍵人物的型態，只要與那位關鍵人物之間的關係有所損傷，那麼延伸出去的人脈也會一併喪失。也就是說，這就等於是讓關鍵人物掌握生殺大權。

為了避免陷入那樣的情況，我們應該怎麼做才好呢？

首先，我希望大家把以下兩個重點放在心上。

第一，**不要單方面地借用對方的「影響力」。**

如果想要藉由對方的「影響力」，請對方介紹某個人給我方認識的話，那麼我方也務必要介紹一位對他有利的人物來「回報」對方。這樣一來，雙方就能建立對等關係，而不會讓對方掌握身為關鍵人物的優勢。

第二，**積極增加能夠建立這種具備對等關係、互相共享「影響力」的對象。**

如果這種對象太少，那麼內心就很容易萌生不能夠失去這個關係的想法，漸漸地，就會變成不得不全盤接受他們的意見。

相反的，若是有很多這種對象，那麼也不需要勉強自己和他們往來，就算遇到意見不合的場面，切斷關係也不會有太大的影響。換句話說，我們才能擁有不去做那些覺得「不正確」的事情的自由。

24 切忌私藏「人脈」

越是為了他人使用「人脈」，就越能拓展「人脈」

共享雙方的「影響力」，拓展彼此的「人脈」

共享「影響力」——。

我之所以會認知到這件事情的重要性，是因為發現到不管再怎麼主辦交流會，效果也是有限的。

正如在第23節所告訴大家的，我開始努力不去仰賴關鍵人物，改由自己主辦交流會，想辦法讓自己的「影響力」增長。我會定期舉辦交流會，拜託我已經認識的經營者們帶上他們的其他朋友共襄盛舉，為了「召集人群」而奔波勞碌。經過這樣的努力，我的交友圈從經營層拓展到上流階層。

不過這還是有一定的極限。

畢竟會來參加這種人數眾多、需要站著吃東西的交流會的人，多半是比較年輕的經營者。想和那種上市企業的經營者，也就是所謂的「大人物」建立關係的話，交流會這種場合反而不太適合。

因此我開始轉變為舉辦限制少數人參加的聚餐等等活動，想辦法摸索應該如何開拓與「大人物」之間的接點。也就是在這個時候，我開始強烈意識到必須「共享『影響力』」這件事情。

剛開始，我和認識的業務員一起主辦了很多場「社長聯誼」。

比方說，我的不動產業務朋友找來三位經營者，然後我也找來另外三位經營者，總共八個人聚餐。

當時只靠我自己的人脈，還不足以舉辦所謂的「社長聯誼」，所以需要**讓朋友的「影響力」和我的「影響力」相互作用，才能締造出彼此都能與經營層之間產生連結的機會。**

當然，雖然說是「社長聯誼」，但主要目的可不是請來異性炒熱氣氛，而是把彼此互不相識的「社長們」聚集在一起，讓「社長們」之間建立良好關係。

一般來說，經營者大多習慣獨立解決自己的課題，而我們打造出這個能讓同為經營者之人共享他們的「觀點」以及「煩惱」的場合，讓大家都非常高興。有時候，他們還會發現彼此的事業能夠產生互助關係，也有在之後真的成為合作夥伴的案例。

像這樣，我和朋友共享「影響力」，舉辦「社長聯誼」，不僅能夠滿足參加聯誼的社長們，讓他們得到好處；朋友和我也能與新認識的社長們搭上關係，讓自己對他們而言能夠產生「影響力」。

而且在這樣的情況下，我和朋友之間並非透過「借貸」，所以能夠持續彼此的「對等」關係。以這個方式和各種朋友共享「影響力」，我就**不需要把誰當成關鍵人物，也能慢慢開拓出通往富裕階層的管道。**

手邊備有「想介紹者名單」

隨著人脈逐漸拓展開來以後，我便不再需要和朋友共同舉辦，而是可以自己主辦「社長聯誼」之類的聚餐或者高爾夫球聚會。

為此，我會在手邊常備「想介紹者名單」。

在已經認識的人當中，我會從各種觀點，比方說「這些人聚集在一起感覺會很開心」、「這個人和那個人如果能夠認識，感覺會發生很有趣的事情」、「這位和那位肯定會意氣相投」等等，把預計要讓雙方認識的人名列成一份清單。

同時我也會把「共享影響力」這件事放在心上。

比方說，就算我有機會與非常了不起的經營者打聲招呼，但如果只有那樣的話，實在也不可能邀請對方來參加我主辦的聚餐。不過如果對方是前甲子園棒球選手，而且現在也還打從心底愛著棒球的話，那麼只要我說是要和認識的棒球選手聚餐，對方答應參加的可能性就會提升許多。也就是說，我借用了認識的棒球選手的「影響力」，來推動那個光靠自身力量無法打動的經營者。

另一方面，對那位棒球選手而言，參加我的聚餐活動，也會得到能夠認識了不起的經營者這個好處。從這個角度來看，我則是借用了經營者的「影響力」。也就是說，我就像是觸媒的角色，讓雙方之間「共享影響力」這件事情得以成立。

若是這次聚餐順利，經營者和棒球選手雙方都感到非常滿意的話，那麼他們也會對於主辦這場聚餐的我的「存在意義」有所認同。

或許會想著「金澤幫我打造出這麼有意義的時間，我得想辦法回報他才行……」；也可能覺得「金澤這個人辦的聚餐挺有意思的，下次他再提出邀約的話，我就繼續參加吧」。

即使只是微不足道的程度，但在這兩個人的潛意識中，非常有可能留下認為我是「討喜的存在」的印象。也就是說，透過讓他們兩人的「影響力」

互相作用，我對於他們兩位而言也會產生少許的「影響力」。

「影響力」就像是「稻草富翁」，越是使用就越具價值

只要善用這種「共享影響力」的方式，人脈就能有爆炸性的拓展。

像是「稻草富翁」那樣。

就像大家所知道的，這個故事的主角是位貧窮的男人，在觀音菩薩的指導下，帶了一根稻草踏上旅途。沒多久後，那根稻草的周遭開始有馬蠅飛來飛去，男人想著真是煩死了，便決定把馬蠅固定在稻草尖上。

走著走著，他遇上了一對母子，正在鬧脾氣的孩子看見男人手上拿著那根有馬蠅的稻草，立刻吵鬧著說：「我想要那個！」母親向男人要來那根稻草，並說：「真是不好意思，硬是要您讓給我們……」然後給了男人一顆橘子作為回禮。

之後男人把橘子讓給了一位表示「想要那顆橘子」的人，得到的回禮是一塊高級布料；接著又把高級布料讓給「想要高級布料」的人，得到了一匹馬作為回禮；然後把馬交給表示「想要匹馬」的人，得到一棟房子……最後男人成為一名富翁。這就是「稻草富翁」的故事大綱，也就是藉由「共享影響力」，讓同樣的事情不斷發生。

我剛轉職到保誠人壽時還是個沒沒無聞之人。不過，在我和眼前的人建立信任關係，借用或共享這些人的「影響力」以後，就如同前面所說過的案例，我甚至與了不起的經營者和棒球選手們都能有所往來。

最重要的是**誠心誠意地和每一個人來往，觀察他們想要得到些什麼，並為了實現他們的期望而有所努力。**

如果保持著真心誠意，那麼任何人都能夠提升自己「共享影響力」的技巧，同時也能像是「稻草富翁」那樣，讓自己得到相當龐大的「影響力」。

25

「影響力」也有「流向」

回溯到「影響力」的最上游

「影響力」會「由上往下」流動

「影響力」有所謂的流向。

這是我在努力經營保險業務的過程中深切感受到的事情。請別人介紹有可能簽約的新客戶給我們，對於業務員來說，就像是產生一條「生命線」，而「介紹」這個行為就會出現「由上往下」的流動。

比方說，如果能夠獲得公司經營者的「信任」，那麼就可以動用那位經營者的「影響力」，來讓自己比較容易得到其他董事們的「信任」；如果能夠得到董事們的「信任」，那麼影響力就能擴及至部長，然後再延伸到課長以及一般員工。**「影響力」會像這樣流動。**

當然，「職位」並不一定表示真正的「影響力」大小。

就算公司內的實際權力是由經營者掌握，或許還是會有其他具備足以動搖經營者「決策」的「影響力」，受到親信或是參謀的人。然而，就算是在那樣的情況之下，也肯定會有能夠推動整個組織或社群，存在於「影響力」最上游的人。

為了好好活用「影響力」，最重要的是要察覺位於「影響力」最上游位置的人是誰，並與那個人建立連結，藉此得到自己對於那個人的「影響力」。

也就是說，我們必須要把回溯到「上游」這件事情放在心上，如果能做到這點，那麼就可以沿著「流向」，讓「影響力」自然而然拓展開來。

大家還記得我在第24節所提到的「稻草富翁」的故事吧？

正是因為有想和我所認識的職業棒球選手見面的經營者，以及想和經營者搭上線的職業棒球選手存在，所以我才能夠活用他們兩位的「影響力」，主辦三人聚會。而且若是他們兩個人能因此感到高興的話，那麼「互惠原理」的效果就有可能發揮到我的身上。像是這樣，我作為觸媒，讓兩個人能夠「共享影響力」；就結果上來說，也能讓我自己的「影響力」有所增加。

與此同時，如果能夠順利「共享影響力」，那麼我們就會像「稻草富翁」那樣，將原先微不足道的「影響力」逐漸培養成長。不過，這時候務必要將「經常性往上游回溯」這件事掛在心上。

「經常性往上游回溯」能讓「影響力」最大化

以下介紹我的成功範例。

這件事情發生在我還是業務員的時候。我的朋友B說：「有個非常希望能夠介紹給你的人。」所以我就去和對方見了面。對方是一位隸屬於某個以黑馬之姿快速成長的企業之員工。

那位員工真的是非常獨特又有才能的人，他詳細地告訴我當時受到社會矚目，自己隸屬的那間公司的企業模組，我還得知許多業界秘辛等貴重資訊。

作為回報，我幫他介紹了他所尋求的人脈，因此這次見面對於雙方來說都相當有利。

不過，因為我一直都把「經常性往上游回溯」這件事情放在心上，所以在和他建立了一定的信任關係以後，我便詢問起關於他們公司的創業社長的事情。他告訴我：「社長最近似乎很著迷於高爾夫球。」我馬上想：「這是個好機會！」

高爾夫球是我所擅長的領域，我曾靠著高爾夫球牽起許多良好的緣分。而且只要我發個聲，就可以聚集各式各樣業界經營者和運動員前來共襄盛舉。不僅如此，我也有熟識的高爾夫球場老闆，具備可以靠關係動用的場地。我相信自己對於那位喜歡高爾夫的創業社長來說，是具有充分價值的存在。

因此我就直接拜託那位員工：「能把我介紹給社長嗎？我可以提供各種與高爾夫球有關的好處給他，如果他喜歡高爾夫的話，和我見面絕對物超所值。我希望你能幫我這樣轉告他。」

由於那名員工對於我的「互惠性」正常運作，所以他自然願意把我的請求告訴社長。結果該說是「意外」還是「果然」呢？社長立刻就聯絡了我。

我們第一次見面的時候，對方似乎還有些警戒，想著「該不會是想賣保險給我吧？」不過，我其實根本不會為了「賣保險」而和社長見面，察覺到我的態度以後，社長也願意以一個「單純喜歡高爾夫球的人」的身分，帶著放鬆的心情來面對我了。

跳出自己的「舒適圈」相當重要

之後我安排那位社長和他可能會想見上一面的經營者及運動員們一起打高爾夫，透過高爾夫球來加深我們之間的往來關係。

那位社長所創辦的企業受到眾人矚目，所以若能活用他的「影響力」，那麼我應該也可以邀到一些相當了不起的經營者。另一方面，那位社長不太擅長與人往來，如果以能夠認識業界或世代不同的經營者作為契機，對他來說也有相當大的好處。也就是說，我透過共享大家的「影響力」，來提高我的「存在價值」。

在關係越來越緊密以後，我們之間的往來就不僅止於高爾夫球了。最大的契機是那位社長有一次不小心脫口說出的真心話。「我很年輕就創業了，一直都在工作，所以根本沒有能夠交心的同世代朋友……。」因此我定期安排聚餐，找來感覺能和他意氣相投、心地相當溫柔的人們，而社長對此似乎是打從心底感到高興的。

之後他和我的關係也就更加密切，除了簽下頗為高價的保險契約以外，也介紹企業中的其他相關人士與我簽約。我想，這正是因為我搭上了「影響力」的「流動」。

還不僅僅如此。

我也抱持著還禮的心情，將社長介紹給原先介紹那位員工給我的朋友B。對方非常開心，說道：**「我介紹的是員工，結果得到了個社長！」**

也就是說，不單單是我，朋友Ｂ一樣成為了「稻草富翁」。他到現在還是親暱的稱呼我為「福神」。自此之後，只要有他覺得「這個人準沒錯！」的對象，他就會介紹給我。

當然，也不可能每次都會這麼順利。

不過，只要**把「經常性往上游回溯」這件事放在心上，就能夠營造出超乎想像的「順向流動」。**盡可能地去追求這樣的利益，就能讓我們的「影響力」最大化。

可想而知，「往上游回溯」並不是件簡單的事情。只要往「上游」移動，就必須面對那些比自己更加「強悍」、「厲害」的人。說老實話，這真的會讓人心情緊張，感到相當疲憊，甚至可以說在「下游」輕輕鬆鬆地和大家往來比較開心。

然而，這樣就不能搭上「影響力」的「流向」。**跳脫對於自己來說的「舒適圈」，朝著「上游」這個目標前進非常重要。**我希望大家務必挑戰看看。

26

為自己「建立品牌」

培養出以自己為核心的「社群」

「社群」的存在帶給我強大的「影響力」

緣分越是活用，越會有所增長——。

我是這麼想的。過去，無論是在工作上或者私人方面，都是因為有人幫忙牽線、幫助我，帶給我許多正面影響，接受了來自各界多不勝數的恩惠。**「托了這個人的福，我才能認識那個人」，這類型的感謝之情可以說是年年增加。**

最一開始，我只是把為其他人牽線當成業務活動的一環，但是隨著時間流逝，逐漸變成純粹為了「報恩」而讓那些照顧過我的人的「緣分」相連，然後自己也會因為幫上大家的忙而感到非常開心。

同時，為了讓各式各樣的人的緣分能夠相連而主辦的聚餐或高爾夫球比賽，結果竟然讓我的人際網絡爆炸性地拓展開來，甚至**誕生以我為核心聚集的「社群」**。

這個社群的存在，將我的「影響力」培養到非常龐大的程度。

就像我在第25節中曾說過的，因為我總是將「經常性往上游回溯」這件事放在心上，所以有許多經營者和運動選手等具備「影響力」之人參與我的社群。

雖然最近比較沒有在執行這件事，不過過去有段時間，我很積極地在SNS上分享大家聚餐或者一起去打高爾夫球的樣子（當然都有經過參加者的同意）。於是大家的「影響力」開始相互作用，出現更多也想要加入我的社群的人。我想，這也就很明顯地表示我的「影響力」變大了。

或者就算沒有特地在SNS上展現出來，如果那些來參加社群且具備「影響力」的人，會對自己周遭的人們談論起「金澤景敏」這個人的話，也能增加我的「影響力」。

而我雖然沒有對那些參與社群的人們推銷我的保險契約，但因為大家都知道我是個「拉保險的」，同時也都很清楚我正為了「想成為日本第一的業務員」、「想成為頂尖之人」而拚了命地努力。

所以當他們自己需要購買保險，或者親朋好友有保險需求時，他們就會主動聯絡我。

因此，不知道從何時開始，我幾乎沒有在做「推廣保險業務」的行為，也還是每天都會有人和我聯繫，表示「想買保險」。我已經營造出一個如此優渥的環境。

就結果而論，這讓我在保誠人壽工作的第八年，取得高達TOT標準4倍以上（新型肺炎疫情前所訂定的標準）的成績。這是透過「緣分」互相牽線，培育而出的「影響力」所打造出的結果，我真的非常感恩。

千萬不可以弄錯「牽線」對象

不過有個要特別注意的事情。

那就是**不可以搞錯「牽線」的對象。**

這也是我從相當飲恨的失敗經歷中所學到的教訓。幾年前，在某人的介紹下，有個年輕男性來參加我主辦的聚餐。他給我的第一印象非常好，外貌出眾、服儀整潔，個性也非常爽朗，而且他還是前甲子園選手。畢竟是我很欣賞的運動員，所以我介紹了許多人給他。

然而之後卻引發了很大的問題。

沒想到他竟然是做投資詐欺的。而告訴我這件事情的人，正是我介紹給他的一位牙醫。那位牙醫投資了他所推薦的事業，結果遲遲未能獲利，而且後來就聯絡不上對方。也就是說，他收了錢後就「落跑」了。

畢竟是我將他介紹給那位牙醫的，所以我也有責任在身。因此我除了向牙醫慎重道歉以外，也將這件事情報告給所有我曾介紹給他的人，希望他們多加留心。

爾後我也盡全力地想找到他，但只靠我一個人的力量實在是力不從心，倍感遺憾；而且遭到他的背叛，我也非常悲傷。包含牙醫在內的所有被害者都能感受到我的誠意，在與我往來時並沒有出現任何改變。不過給大家添了這種麻煩，我到現在還是深感抱歉。

若是出現「受者」，社群就會逐漸崩毀

簡單來說，他就是典型的「受者」。

「受者」是指「為了自己的利益而試圖搶奪他人財物之人」。像他這樣「欺騙他人來讓自己獲利的人」，可以說是典型的「受者」。

若有「受者」混入了自己所經營的社群當中，那麼先前累積起來的「影

響力」就會相當脆弱地灰飛煙滅。因為我們如果和那些「為了自己的利益而搶奪他人財物的受者」往來，那麼對方就會試圖從我們和我們周遭的人身上「搶奪」一切，造成和我們往來的那些「施者」選擇淡出社群。

這是非常可怕的事情。

正如我在本書中所介紹的，讓眼前的人產生「親近感」、「信任感」、「互惠關係」、「支持」這類情感，才能讓自己的「正牌的影響力」所能遍及的「母數」逐漸增加。

同時，將這些人們互相連結，讓「緣分」拓展開來以後，自然就能成立以自己作為核心的「社群」。接著，想要加入這個「社群」的人增加，形成良好循環，讓我這個存在的「影響力」更上一層樓。

然而，若有「受者」混了進來，那麼加入我的「社群」的那些人不僅會受到傷害，同時也會有越來越多人對我產生不信任感。如此一來，我的「影響力」就會開始削弱，先前一步步累積起來的「社群」本身也會毀於旦夕。

我認為這真的是非常可怕的事情。

所以後來我就**決定只跟「施者」往來，也只會把時間花費在「施者」身上**，同時也將不要讓「受者」混入自己所在的社群這點銘記在心。

透過一對一面談洞察對方的「價值觀」

在把新認識的人找來參加自己主辦的聚餐或高爾夫球比賽，或者介紹給他人之前，我一定會先一對一與那個人見面，好好和對方聊一聊。確實了解彼此的價值觀，親自確認對方是不是我能夠堂堂正正介紹給別人的對象。

當然，這完全是我的主觀判斷，我也知道這樣很難100％完美過濾。但我的確曾有過**在傾聽對方的人生故事後，覺得「哪裡怪怪」的經驗。**

比方說，我剛才提到的前甲子園選手，後來仔細回想才發現，其實他所說的話中就有許多牛頭不對馬嘴之處。如果不是腦袋特別靈光的人，要把「謊言」說到沒有破綻其實非常困難。有時會有漏洞，或者出現讓人覺得聽不下去，感覺「不太舒服」的內容。

詢問對方的交友關係也很重要。

這是我在過去積極參加交流會時，就有著痛切感受之事。如果主辦者是那種不知道究竟是靠什麼來賺錢的人，那麼會出席交流會的，也大多是一些搞不清楚以何維生的「可疑人物」。

所以後來我就會和這類型的主辦者保持距離，畢竟我想這就是所謂的「物以類聚」吧。我覺得從對方的交友關係，就能感受到那個人的「品行」。

所以我一定要一對一與對方見過面，讓他了解我的同時，我也會詢問對方的生命故事，明白對方所重視的價值觀和信念。這個流程是為了加深我對於他的「人品」的洞察。

這種時候會需要比較像是「動物直覺」，或者說是「動物嗅覺」之類的東西。這並不存在像是「1＋1＝2」那種對任何人來說都不會有錯的「正確答案」，或許在我眼中看起來是「受者」的人，在別人眼裡卻被視為「施者」。這就是如此微妙而又複雜的課題。

所以說老實話，我也不知道自己的判斷是否100％正確。但重要的是，為了保護那些和我有著「緣分」的「施者」，我必須負起責任，不和自己認為是「受者」的人物來往。

謹記維持「當個施者」的上進態度

與此同時，若我能夠打造出只有「施者」聚集的社群，那麼肯定會讓自己產生非常大的「影響力」。

只要大家抱持「只要是金澤先生主辦的活動，就能讓人感到安心，可以帶上重要的朋友共襄盛舉」、「如果把自己的朋友介紹給金澤先生，說不定還會出現更好的機緣」、「那個人是金澤先生所信任的人，所以我應該也可以相信他」之類想法，那也就說明了我這個存在的「品牌」本身。

這個「品牌」若是相當堅固，就會有許多「施者」安心地來加入我的社群，同時社群內的交流也會越來越活躍。社群本身的「價值」有所提升，「影響力」持續成長，產生良好的正面循環。

為此，我認為最重要的是，大家要**老實承認每個人都是「以自我為中心」的，同時每個人也都具備「受者」的要素。**我也是這樣。正因為我對於這點有所認知，所以才更應該要努力維持「施者」的角色。我認為這個「努力維持的態度」非常重要，只要我和其他「努力維持當個施者的人」共處，以夥伴的身分互助合作，「緣分」就會像函數一樣等比增加。我深信著這點，每天努力以「當個施者」作為目標。

27

清楚「影響力」的「陷阱」

對自己的「影響力」毫無自覺也是種「危機」

了解「自己還不夠成熟」是件非常重要的事

「影響力」有所謂的「陷阱」——。

請各位務必充分體認到這個風險。

第一個「陷阱」就是第17節所提過的，如果「影響力」增強，那麼周遭的人就會開始吹捧你，讓你身處相當舒適的環境，導致逐漸產生「怠慢」之心。

如果因為「怠慢」而不再努力；因為受到吹捧而得意忘形，那麼周遭的人就會開始產生反感，造成「影響力」的損失越來越大。

為了避免掉入這個「陷阱」，最好的方法就是盡可能地遠離那個會吹捧你的環境。

人類是非常脆弱的存在，只要待在備受吹捧的環境當中，無論如何就是會開始產生「怠慢」之心。如果一直待在那種地方，要不變得「怠慢」反而可以說是種「苦行」吧。

所以我在保誠人壽獲得日本第一以後，就特別留意盡可能不要與同業共同行動。這完全不是因為我害怕其他人偷走我的業務技巧之類的，就只是害怕自己受到別人吹捧而已。我認為更重要的是去面對比自己「強悍」、「厲害」的人，發現到「自己還不夠成熟」的地方，這樣對自己比較好。

我與那位在奧運個人綜合項目拿下二連霸的體操傳奇人物內村航平先生也有往來，而他也是這麼說的。

他在奧運以及世界大賽上得到金牌，成為眾所公認的世界頂尖選手以後，仍然為自己安排了相當嚴苛的練習課表。

我問他：「為什麼能辦到那種事情？」他則回答類似這樣的話：「這個

世界非常廣闊，不僅僅是體操界，我也會見到各界的厲害人士。我非常明白人外有人、天外有天，所以會有繼續向上努力的動機。」

我當然不可能拿自己與像他這樣的頂尖運動員相提並論，但在聽見他說出和我長年以來藏在心中的想法相同的言論時，除了大受感動以外，也更增強了我的意志。

我想恐怕不只是內村選手，這應該是所有成績持續有所提升的運動員的共通心態吧。正是因為成績提升之後，「影響力」產生戲劇化般的增長，才更應該要去見識「比自己更厲害的人」。同時藉由持續鑽研，不但能躲過「影響力」的「陷阱」，甚至能夠培育出更大的「影響力」。

什麼是與「影響力」相關，難以理解但相當重要的課題？

另外還有一個要多加小心的「陷阱」。

那就是**「對自己的『影響力』毫無自覺」這個「陷阱」。**

這是在我離開保誠人壽，創立AthReebo公司以後，切身痛感的問題。雖然這是相當難以發覺的陷阱，卻很容易產生根深蒂固的問題，所以我要求自己時時刻刻謹記在心。

假設你是個新創公司的員工。

而你和錄取你的創業社長在同一個空間裡工作。

如果社長因為很熱，所以拿了扇子在搧風，那麼你會怎麼做呢？我想你很可能會起身把空調的溫度調低一點，又或者是去泡杯冰冰涼涼的茶遞給社長。如果是我的話，應該會做這些事情吧。

但其實這時候的社長應該絲毫沒有想要叫員工「做出任何行動」的意思，就只是因為很熱，所以拿了扇子搧風而已。員工因此有所行動，這就是社長對員工有著「影響力」的證據。然而，對於這件事情沒有任何自覺的話，便會產生相當大的問題。

這是什麼意思呢？

在創業後的會議上，有件事情讓我覺得非常可怕。

那就是沒有人會對我所提出的意見給予任何異議。當然我非常自制，並沒有強硬地把自己的想法視為眾議，但就是沒有任何異議出現，大家都贊成我的意見，三兩下就通過決議。

我想員工們其實應該覺得就算是我這個創業社長所提出的想法，如果他們的意見相左，也沒有打算要壓抑自己的意思。但事實上的情況並非如此，他們會情不自禁地認為我的意見「真的很好」。

「擔心」自己的「影響力」可能帶來的弊害

這正是「影響力」的可怕之處。

本書已經提過好幾次，人類要為某些事情做出決策的時候，負責決定的並非「理性」而是「感性」。而在我的公司工作的員工們，大多數都是抱持著「想和金澤景敏一起工作」這個動機而來，正是因為這樣，所以**他們對於我所陳述的意見不會用「理性」來思考，而是基於「感性」認為「真的很棒」。**

這樣真的非常危險。

畢竟我的意見不可能「永遠正確」。

甚至可以說正是因為「非常可能有誤」，所以才更要借用包含員工在內的其他人的「腦袋」，從各式各樣的觀點檢視，在需要的時候進行修正。明明我們需要的是「議論」，卻**因為「影響力」的關係而被扭曲。**

如果沒有認知到「影響力」會帶來這種弊害，我們很容易就會不小心因為員工總是沒有提出異議，而誤以為「自己的意見永遠是正確的」、「自己果然非常優秀」等等。正是因為我們活在自己的舒適圈裡，所以才會出現這種相當危險的誤解。

所以在獲得一定的「影響力」以後，千萬不能「對自己的『影響力』毫無自覺」。在言行舉止上，也必須要多加留意，考慮自己在心理層面上對周遭的人所帶來的「影響」。

我認為，優秀的經營者都對於這件事情有所自覺。

某位大企業的社長曾說，他在開會時會貫徹撲克臉的原則。因為在團隊針對某個主題出現兩種提案時，若是社長自己直覺認為A方案勝於B方案，無論如何都會從表情上透露而出，如果觀察入微的部下察覺到這點，就會造成現場的氣氛傾向於「A方案優先」。

這樣會導致無法做出正確判斷。社長說，他在發現這點以後，**便決定貫徹撲克臉的原則，防止「自己的影響力」扭曲「議論」。**

我所下的功夫則是這樣。

我總是最後才說出自己的「意見」。

如果我先表達了自己的「意見」，那麼員工們無論如何都會受到影響。所以我會提出一個問題，然後徹底引導所有人說出自己的「意見」。接下來讓各種「意見」經過多番爭論，在議論得差不多以後，身為經營者的我才負責「做出決策」。重視這樣的流程，就能讓我所擁有的「影響力」的弊害盡可能地縮到最小。

當然不用我多說，這件事情並不是只有社長才需要注意。我想幾乎所有的「上司／部下」或者「父母／子女」關係也都是如此。自己有著什麼樣的「影響力」，會為對方造成什麼影響？最重要的就是針對這件事情，經常有所自覺警惕。

28

捨棄「想要發揮影響力」的想法

單純追求「價值」的人才是最強大的

什麼是「影響力」的本質？

以上我所陳述的都是如何培養出「影響力」，並且使其增長的各種技術。

正如前面已經提過好幾次，所謂「影響力」是指「讓潛意識運作，促使他人行動的力量」。而我們很容易為了要讓對方採取行動，就試圖想要「講道理來說服對方」，但這樣反而很容易被敬而遠之或是遭到反抗。「以理服人」是非常困難的。

這是因為人並非以「道理」來判斷事情，99．9999%都是靠著「感情」行動。

因此，我們必須讓對方的「潛意識」＝「沒有自覺的意識」產生作用，使對方對於我方抱持「好感」、「信任感」、「親近感」等「正向情感」。這樣一來，對方就會自願做出我方所期望的行動，而這股力量正是所謂的「影響力」。

也就是說，為了要能夠具備「影響力」，我們**必須將「這時候如果那麼做，對方會有什麼樣的感受？」、「對方會因此感到高興嗎？」、「他會不會不喜歡這樣？」等等想法謹記在心，要求自己在言行舉止上徹底站在對方的立場思考。**也就是說，內心想像對方的「潛意識裡在想些什麼？」，然後想方設法喚起他的「正向情感」。

不過從另一個角度來看，事實上我寫到這邊也覺得「光是這樣還不夠」。或者更正確來說，我忍不住覺得那並非「影響力」的本質。

在寫這本書的時候，我的腦海中一直浮現某個故事。那是我在很多年前碰巧讀到的某篇報導，我認為那是在思考「影響力」這個東西的時候，能夠讓我們有許多醒悟的故事。我的記憶有些模糊，或許有些情節不太正確，不過我還是想試著告訴大家那是個什麼樣的故事。

80歲的高齡者是靠什麼打動了眾人？

故事發生在日本深山的某個小村子裡。

那個地區過去曾因林業興盛而繁榮，但在開始從外國進口便宜木材以後，日本的林業逐漸衰退，村子的人口減少且邁向高齡化，後來甚至被歸類為低人口密度地區。

故事的主角C在那個村子裡土生土長，我記得報導刊載出來的時候，他應該已經高齡80歲左右。他從年輕時就深入山林從事林業，大概在20年前退休。眼見自己用盡畢生心力經營的林業開始衰退，家鄉也逐漸失去活力，讓他感到非常悲傷。

於是他在大約10年前開始執行某個行動。

實在看不下去因為沒有人保養而逐漸荒廢的山林，他開始獨自一人做起疏伐工作。森林的樹木會因為過於茂密而開始阻礙彼此成長，下層植被也會因為光線無法到達地表而無法生長，導致土地變得越來越貧脊。為了防止這種事情發生，必須適度調整森林的密度，透過「疏伐」來砍掉部分樹木。

剛開始，村裡其他居民都只是遠遠看著C這麼做。

由於C的個性相當穩重，和村民們也都非常親近，所以大家會跟他說些像是「你還真拚啊」、「不要太勉強囉」之類鼓勵的話，但並不會再多做點什麼。而C也沒有尋求任何人的協助，就只是自己一步一腳印地持續行動。他可能也因為覺得自己有做到自己的「工作」，而在內心感到相當滿足。

不過後來事情慢慢產生了變化。

開始有幾個人被C先生每天默默整理山林的樣子感動。

有人問他：「明明拿不到錢，你為什麼要這麼努力？」結果C回答：「我實在無法看著山林這樣荒廢下去。」、「畢竟為山林付出是件很快樂的事情。」，許多村民過去也都是從事林業，所以或許也對於Ｃ所做的事情深有同感，自然而然開始出現志同道合的人。

起初只有幾個人和Ｃ先生一起汗流浹背，但是隨著時間過去，團隊不斷擴大。為了活用疏伐後產生的大量木材，有人開始摸索著該以什麼形式進行處理，最後就連當地的公所也主動關切，演變成有疏伐木材事業作為背書，也得到能夠引進讓林業效率提升的機器的預算。

不過，發起這個舉村行動企劃的人並非Ｃ先生。Ｃ先生只是拚了命地繼續當個在山裡工作的人，甚至沒有跟任何村民說過「一起來做吧」之類的話。建立這個企劃並且推動的領導者是年輕人。

然而一切的契機都是來自於Ｃ先生。

Ｃ先生將自己的想法放在心上，獨自踏入山林間行動的模樣打動了許多村民。我認為**這就是「影響力」最為純粹的樣貌。**Ｃ先生的行為完美體現了「影響力」的本質。

捨棄「想要發揮影響力」這種「邪念」

因為C先生**完全沒有「我要發揮自己的影響力」、「試著打動其他村民吧」這類「邪念」。**

他只是純粹因為看到「逐漸荒廢的山林」而感到哀傷，無法壓抑自己「想做點什麼」，以及「想繼續做自己最愛的林務」這些想法。所以他沒有邀請任何人，只是獨自走進山林開始整理。

然而，「為了恢復蔥鬱山林而揮汗耕耘」這種公益性極高的行動，本身就具備了強大的「影響力」。應該有許多村民心底深處都抱持著「想好好愛護山林」的想法吧！或許在看見了C先生的樣子之後，他們心中的那些「想法」很自然地就冒了出來。

我認為，**如果能做出對於大家而言都有「價值」的某個行動，那麼自然**

就會具備「影響力」。而在這樣的情況下，**「想要發揮影響力」這種「邪念」可以說根本就是雜音。**

所以我認為，各位讀者在體認到我在本書中寫道的各式各樣技巧以後，忘掉也是很不錯的方法。

以我自己為例，就像是如果在心裡過度想著「我要賣出保險」、「我要簽約」的話，肯定會對自己的「影響力」產生負面效應。大多數人如果想著「為了自己而讓別人採取行動」，多會以失敗收場。所以正如我前面所寫到的，我們必須秉持著「徹底站在對方立場思考」這個行動原則，藉此訓練自己克服「利己」這項「本能」。

但是我們也不能只靠頭腦來理解這件事情。如果能用身體記住，然後拋開這些想法，或許才是最正確的做法。然後就像是C先生那樣，集中精神在做出「對於大家來說有『價值』的行動」。

不需要刻意想著「我要發揮影響力」，就只是盡力享受「對於大家來說有『價值』的行動」。我認為，這樣就能**得到無論刻意採取什麼行動，都無法獲得得到的強大「影響力」。**

後記

全心全意地享受在「對於大家來說有『價值』的行動」當中——。

正如我在第28節所敘述的，我認為這可能才是徹底發揮「影響力」後的終極樣貌。當然，我自己也還在修練當中。雖然我還沒有達到那樣的境界，但每天仍盡可能地以我自己的方式，努力做著「對於大家來說有『價值』的行動」。

我在2020年的時候離開保誠人壽，創立AthReebo株式會社，努力經營我長年以來的夢想——「將人生貢獻在將運動員生涯價值最大化之上，打造能夠創造嶄新價值與收益的事業」。

一開始我所經手的是支援運動員退役後的人生安排。我認為，運動員的顛峰絕非在職時期。雖然世間和運動員自己都會認為退休後的生活是「第二生涯」，但對我而言「並非第二」。相反地，我希望能讓更多的人知道，該如何活用運動員一路培養而來的能力，在退休後讓「職涯升級」。

話雖如此，確實大多數的運動員在現役時期「沒有做運動以外的事情」。當然也有人是基於「不做自己不想做的事情」，不過有更多的人是因為「不曾以運動之外的事情作為目標」。

為了打造出一個能讓他們一邊工作，一邊學習社會常識、商業和經營等知識的地方，我開始在東京都世田谷區經營一間名為「大阪醬汁燒肉丸29」的燒肉店，雇用那些前職業運動員作為員工，透過接待客戶學習經商的道理與原則。

另外，我也以自己在擔任業務時期所建立的知識與人脈作為基礎，開發讓前日本學生游泳比賽冠軍的員工修習的「業務研修企劃」。他們可以向許多活躍的業務員學習業務「技巧」及「思維方式」，提升成果。

未來，我打算請有志於成為業務員的退休運動員徹底掌握這個「業務研修企劃」的精髓，並且聚集這些精銳成員，打造出一個「最強業務團隊」。

同時，我也發起了一個支援未來運動員新星的社會貢獻企劃。

這個企劃的概要如下。參加企劃的企業在負擔支持年輕運動員的「援助金」的同時，也能參與對於支持對象的遴選。

這個企劃獲得許多傳奇運動員的支持。為了表態支持，包括達成奧運三連霸的柔道家野村忠宏先生，還有在澳洲、法國、英國奪得世界前4的頂尖網球選手伊達公子小姐等人，皆已授權他們的肖像使用權利，敝社可以自由活用在企業網站或者廣告等處。

也就是說，這是個活用傳奇運動員的「影響力」，讓企業的業績能夠有所提升；同時透過這個方式，支援未來運動員新星成長的社會貢獻企劃。參加的企業們透過持續支持運動員，也能提升員工與員工之間的向心力、活化員工與客戶之間的溝通。目前已有許多企業表示希望加入。

我相信，透過這樣的方式，讓運動員在現役退休之後的生涯價值最大化，是件對於社會整體都具有「價值」的事情。

以我所愛的運動為主軸，希望更多人能夠過著開心且充實的人生。雖然也有許多不太順利的事情，不過我每天都夢想著為這件事情而全力奔走。

同時為了讓這個事業成功，我也活用了各位傳奇運動員、諸位經營者在內，各式各樣人物的「影響力」。我灌注自己的熱情，將目前為止的人生中所培養出來的「影響力的魔法」活用到最大極限，在受到各方援助下，想盡辦法實現「運動員生涯價值最大化」這個事業目標。

當然，要走向成功的道路，應該還需要經歷許多艱辛的挑戰。

不過，能得到許多人的支持，讓我得以挑戰這件從未有人做過的事情，我的內心就已充滿感激。

而且我在想，或許正是因為辭掉TBS的工作，成為「拉保險的人」，經歷過為了人際關係感到苦惱的時期，並且以自己的方式有所成長，所以才能夠得到許多人的幫助吧。

自從轉職到保誠人壽之後，我學到非常多事情。

在TBS時（尤其是被分派到編輯部之後），我自認為「自己掌握著發語權」、「自己有著能夠打動他人的力量」，但那些其實只是披著「TBS」、「編輯」的表皮，只不過是「狐假虎威」罷了。欠缺自覺的我，不過是在濫用「冒牌貨的影響力」而已。辭掉TBS的工作後，我才徹底理解這點。

自此之後，我透過參考周遭人們的人際溝通方式，並以自己的方式學習如何透過自己的「言行舉止」，使對方在潛意識作用下，冒出正面情感。同時對於讓對方的腦中浮現「希望能成為這個人的助力」、「好想幫助這個人」，因而主動採取行動的那種「正牌影響力」傾注全力。

雖然本書提及許多為此所需要的「思考方式」和「技術」，但我最希望告訴大家的，其實是**「自己的人生故事」才是最能有效提升「影響力」的。**

人類是有情感的生物。即使是再怎麼細節的數字或資料，都不會留在我們的記憶裡；但若是以非虛構的真實事蹟及實際成績作為基礎，蘊含著真心話的故事就能留在許多人的記憶裡，打動我們的心靈。**正是因為每個人都是**

抱持著屬於自己的真心話，拚盡全力活著，所以這樣發自內心的故事，一定能夠打動別人的心靈。

故事就算聽起來一點都不酷也無所謂。以我自己為例，我在參與美式足球社團時沒有「全力以赴」、在TBS任職時對於「狐假虎威」的自己毫無自覺……**正因為有著那些難堪的過往，且想盡辦法希望克服它們，所以才會誕生出我自己的故事。**我想正因如此，才會有人對於我的故事深有同感。

從這個角度來看，「難堪的自己」、「想克服的過去」，對於我們而言都不是應該否定的東西，而是非常非常重要的財產。

我平時總是否定正向思考，深怕一個不小心就會覺得「難堪的自己也很棒！」，進而逃避現實或事實，硬是要讓自己的心情保持高漲，掉入「自我欺瞞」的境地裡。

並不是這樣。我們應該要**好好面對「難堪的自己」、「糟糕的自己」，然後努力跨越這些課題。唯有這麼做，我們才能打造出打動人心的故事。**與此同時，由此而生的「影響力」會得到許多人的支持，並且促使我們的人生有所改變，讓我們活得更加豐富。

現在的我也仍然持續面對著「難堪的自己」、「糟糕的自己」。為了跨越那樣的自己，我每天都會重振精神、一步一步持續努力，讓作為人類的自己能夠有所成長。我希望能和閱讀本書的各位讀者共同向前邁進，持續讓「正牌影響力」打造出這個世間的價值。

最後，我要再次感謝對我傾注滿滿的愛，讓我能在自己的選擇下成長的父母親，真的太感謝你們了。托兩位的福，我才能夠有今天的成就。老爸和老媽是我的榮耀。

還有我的妻子明子、長女帆杏、長男榮己、次男榮將，一直以來謝謝你們。明子的器量之大，總是讓我有所得救，托她的福，我的家中總是充滿熱鬧的笑聲，支持著我全力活下去。我也會為了讓成長中的孩子們能夠抬頭挺胸地說我是個「帥氣的老爸」而繼續努力。今後也請多多指教。

我認為**「影響力」、「能量」、「能力」、「運氣」以及「勇氣」都是**

越使用反而越增加的東西。我從許多人的身上得到許多東西，所以我也不惜拿出自己的一切，活用自己所得到的東西，希望對更多人有所幫助。今後我也會繼續珍惜著和願意與我見面之人之間的「緣分」，共享彼此的「影響力」，使其增幅，然後盡全力在世間中打造嶄新的「價值」。

謝謝各位閱讀到最後。

人生中的主角就是自己。讓我們用盡全力，好好活下去吧！

今後也請多多指教。

2023年8月

金澤景敏

作者簡介 金澤景敏（AKITOSHI KANAZAWA）

AthReebo株式會社負責人。

1979年出生於大阪。

原先就讀早稻田大學理工學系，後因老家破產而選擇重考進入京都大學，大學時期參與該校美式足球社並且十分活躍。畢業後進入TBS，擔任體育節目導播等工作，成為運動節目班底。

2012年轉職至保誠人壽，初期因為無法贏得客戶的「信任」而渡過一段相當艱辛的時期，藉此體悟到「影響力」的重要性。以不用「道理」來說服對方，而是讓對方在「潛意識」作用下，將對方的「感情」當成自己的盟友的方式，磨練出「影響力」。成功建立包含富裕階層在內的廣闊人脈，發揮能讓訂單自己找上門的「影響力」。

入職第一年就在全國約3200名業務員中，奪下個人保險部門第一名；第三年就被認可為全世界人壽保險從業人員中，表現最為出色頂尖的0.01%——MDRT「Top of the Table（TOT）」。後來甚至將成績提升到TOT標準的4倍以上，締造個人業務員的傳奇數字。

2020年10月離開保誠人壽，設立AthReebo株式會社，以將運動員的生涯價值最大化，創造嶄新價值與收益為新的人生目標。

著有《超級業務大全：見面即成交！日本傳奇業務員打造上億業績的實戰法則》（墨刻出版）。

根據自身於業務員時期所磨練出的「思考法」及「智識」，策劃「業務研修企劃」，幫助許多業務人員提升業績。

事業範圍更包括活用傳奇運動員的「影響力」來為企業提升業績、與傳奇運動員共同培育未來新星，以及推廣讓運動員之間互相協助支援的社會貢獻企劃「AthTAG」。

■ AthReebo 株式會社　https://athreebo.jp/

超影響說服力

99%的人會被打動都是因為感情！

日本王牌業務員教你運用28大心法動搖人心，職場和人際都成功

作者金沢景敏
譯者黃詩婷
主編林昱霖
責任編輯唐甜
封面設計徐薇涵 Libao Shiu
內頁美術設計董嘉惠

執行長何飛鵬
PCH集團生活旅遊事業總經理暨社長李淑霞
總編輯汪雨菁
行銷企畫經理呂妙君
行銷企畫主任許立心

出版公司
墨刻出版股份有限公司
地址：115台北市南港區昆陽街16號7樓
電話：886-2-2500-7008／傳真：886-2-2500-7796／E-mail：mook_service@hmg.com.tw
發行公司
英屬蓋曼群島商家庭傳媒股份有限公司城邦分公司
城邦讀書花園：www.cite.com.tw
劃撥：19863813／戶名：書虫股份有限公司
香港發行城邦（香港）出版集團有限公司
地址：香港九龍土瓜灣土瓜灣道86號順聯工業大廈6樓A室
電話：852-2508-6231／傳真：852-2578-9337／E-mail：hkcite@biznetvigator.com
城邦（馬新）出版集團 Cite (M) Sdn Bhd
地址：41, Jalan Radin Anum, Bandar Baru Sri Petaling, 57000 Kuala Lumpur, Malaysia.
電話：(603)90563833／傳真：(603)90576622／E-mail：services@cite.my
製版・印刷漾格科技股份有限公司
ISBN978-626-398-158-4・978-626-398-157-7（EPUB）
城邦書號KJ2113 **初版**2025年2月
定價420元
MOOK官網www.mook.com.tw
Facebook粉絲團
MOOK墨刻出版 www.facebook.com/travelmook

國家圖書館出版品預行編目資料

超影響說服力：99%的人會被打動都是因為感情!日本王牌業務員教你運用28大心法動搖人心,職場和人際都成功/金沢景敏作；黃詩婷譯. -- 初版. -- 臺北市：墨刻出版股份有限公司出版：英屬蓋曼群島商家庭傳媒股份有限公司城邦分公司發行, 2025.02
288面；14.8×21公分. -- (SASUGAS；KJ2113)
譯自：影響力の魔法
ISBN 978-626-398-158-4(平裝)
1.CST: 說服 2.CST: 溝通技巧 3.CST: 人際關係
177.1 113019173